W0339094

Åsa Lind

Zackarina, der Sandwolf
und das Meer

Inhalt

Eine richtige Erfindung

Zackarina wohnte zusammen mit ihrer Mama und ihrem Papa in einem Haus am Meer. Sie hatte keine Geschwister und keine Kaninchen – nur eine kleine, graubraune Hausmaus. Aber die sah man fast nie. Die versteckte sich. Und außerdem gehörte sie eigentlich nicht Zackarina.

»Man kann doch keine Maus haben, oder, Papa?«, fragte Zackarina. »Die gibt es ja sowieso, ungefähr so wie die Elche.«

Papa nickte und murmelte ärgerlich etwas von einem »rostigen Schrotthaufen«.

Sie waren draußen, Zackarina und ihr Papa. Er reparierte das Auto, denn irgendetwas am Motor war kaputt. Er schraubte und hämmerte und Zackarina half ihm. Sie reichte ihm die Werkzeuge.

»Und der Sandwolf«, sagte sie, »mit dem ist es genauso. Es gibt ihn einfach.«

Sie hob einen Schraubenzieher auf, den Papa fallen gelassen hatte, und dachte, wie gut das war. Wie gut, dass es den Sandwolf hier in der Nähe gab, gleich unten am Strand. Den ganzen Sandwolf, von der Nasenspitze bis zum Schwanz – glitzerwild und schön und ungewöhnlich selten.

»Ich verstehe das hier nicht«, sagte Papa. »Ich werde noch verrückt! Wo liegt der Fehler?«

Er starrte auf den Motor und sah wirklich etwas verrückt aus.

»Vielleicht solltest du es noch mal mit dem Hammer probieren«, schlug Zackarina vor.

Papa stöhnte nur.

»Warte, jetzt weiß ich es«, sagte Zackarina. »Ich kann den Sandwolf fragen. Soll ich?«

»Den Sandwolf fragen?«, sagte Papa.

»Ja, denn der weiß fast alles«, sagte Zackarina. »Über Kometen und alle möglichen Dinge.«

»Aber Zackarina«, sagte Papa. »Der Sandwolf ist doch nur eine Erfindung. Er kann mir doch nicht helfen, das Auto zu reparieren. Das ist wirklich kaputt.«

Zackarina legte den Schraubenzieher in die Werkzeugkiste und schloss den Deckel sehr sorgfältig.

»Aber der Sandwolf weiß sehr viel«, sagte sie. »Besonders, wenn man fragt.«

Papa seufzte und wischte sich seine schmutzigen Hände an einem ebenso schmutzigen Tuch ab.

»Ich gehe rein und rufe die Werkstatt an«, sagte er.

Und das tat er dann auch.

Zackarina blieb eine Weile beim Auto stehen. Sie bohrte mit dem Fuß im Schotter herum. Trat ein bisschen gegen die Werkzeugkiste. Dann ging sie zur Schaukel und setzte sich.

Der Sandwolf ist überhaupt keine Erfindung, dachte sie. Das weiß ich.

Oder wusste sie es doch nicht? Plötzlich war sie sich nicht mehr so sicher. Sie holte Schwung und fing an zu schaukeln. Nicht, weil sie Lust dazu hatte, sondern einfach nur so. Etwas musste man ja tun. Da schaukelte sie eben. Auf und ab. Manchmal blickte sie hinunter zum Meer, sah aber nichts Besonderes. Nur die Sonne, die in den Wellen glitzerte.

Zackarina streckte sich. Schaukelte höher und höher.

Der Wind war voll Sommer und sie schaukelte so hoch wie das Dach des Hauses. Holte noch mehr Schwung, sodass es im Bauch kribbelte, und schaukelte so hoch wie die Baumspitzen. Und noch ein bisschen höher und direkt in den Himmel, und der Himmel war blau.

Dann sprang sie. Sie flog fast von der Schaukel und lief den ganzen Pfad entlang, hinunter zum Strand. Die Füße trampelten und trommelten. Sie rief, sie schrie: »Halloooo!«

Und da war er. Lag lang wie ein Sommer gleich hinter dem Schilf, mit klauenscharfen Tatzen und nachtblau im Blick. Zackarina warf sich in den Sand und atmete aus.

Alles war gut und richtig. Die Wellen glucksten. Die Möwen flogen.

»Das wusste ich«, sagte Zackarina. »Ich wusste es die ganze Zeit.«

Der Sandwolf blinzelte blau und stimmte ihr zu: »Natürlich, die ganze Zeit.«

»Aber Papa«, sagte Zackarina, »er sagt, du bist eine Erfindung.«

Der Sandwolf hielt sich den Bauch vor Lachen und sah unglaublich glücklich aus.

»Wie? Glaubt er das?«, sagte er. »Und ich, der ich Erfindungen liebe! Du etwa nicht?«

»Aber sie sind nicht wirklich«, sagte Zackarina.

»Was meinst du mit wirklich?«, fragte der Sandwolf. »Alles, was wichtig ist, ist wirklich.«

Er rollte sich zusammen und fing an, von einer Erfindung zu erzählen, die ihm einmal eingefallen war.

»Vielleicht war es gestern in der Nacht«, sagte er. »Oder war es in der Nacht, als die Leberblümchen aufgeblüht sind?«

Er war sich nicht ganz sicher. Auf jeden Fall war es bei der Erfindung um ein kleines Teil gegangen, das kaputt war.

»Und dieses kleine Teil hat in einem Uto gewohnt«, sagte er.

»In einem Uto?«, fragte Zackarina. »Was ist das?«

Der Sandwolf runzelte die Stirn und dachte nach.

»Tja, es war vielleicht ein Oto«, sagte er. »Oder ein Öto ... Oto, Uto, Auto ... Auto? Auto! Ja, es war ein Auto! Das kleine Teil wohnte in einem Auto, so war es!«

Zackarina setzte sich kerzengerade auf und starrte den Sandwolf an.

»Ja, und dann war da noch eine kleine Maus«, sagte er.

»Eine Maus?«, fragte Zackarina.

»Ja, ganz am Anfang von der Erfindung«, sagte der Sandwolf. »Da fiel mir eine kleine, graubraune Maus ein, die knabberte ein kleines, kleines Loch ins Auto.«

»Ein Loch ins Auto?«, fragte Zackarina.

»Ja, in die Treibstoffzufuhrleitung. Kannst du dir das vorstellen?«, sagte der Sandwolf. »Was für ein Wort, was für ein Ding! Das hat eine ganze Ewigkeit gedauert, bis ich darauf gekommen bin! Treibstoffzufuhrleitung!«

Schwups!, war Zackarina auf den Füßen und lief nach Hause. Neben dem Auto stand Papa, ärgerlich und sauer.

»Sie haben keine Zeit in der Werkstatt«, sagte er. »Nicht vor nächster Woche.«

Zackarina ging einmal ums Auto herum. Klopfte ein wenig hier und dort.

»Du, Papa«, sagte sie. »Hast du die Treibstoffzufuhrleitung kontrolliert?«

Papa sah sie an. Lange.

Dann öffnete er die Motorhaube.

Die Treibstoffzufuhrleitung, dachte der Sandwolf. Es ist unglaublich, was einem so einfallen kann. Er wandte seine Nase dem Meer zu. Die Wellen gluckten. Der Tag war sonnig und der Himmel war blau. Und nun? Was sollte er nun erfinden?

Vielleicht einen Tiger? Einen Tiger, der in einem Apfelbaum wohnte?

Oder vielleicht einen Papa? Einen Papa, der ein kleines Teil fand, das kaputt war, und der das kleine Teil reparierte und seine kleine Tochter umarmte und »Hurra!« rief und sie zu etwas Gutem einladen wollte – zu einem Is.

Is?, dachte der Sandwolf. Nein, so konnte es nicht heißen, nicht Is. Eis. Das klang besser.

Er leckte einige Male an dem Wort und nickte.

Eis war auf jeden Fall eine sehr gute Erfindung.

Geliebter kleiner Hund!

Zackarina war ganz verzweifelt. Sie konnte nicht verstehen, wo Kuschelhund geblieben war. Er war nirgends zu finden, er war spurlos verschwunden. Und jetzt war Papa auch noch weg, genau, wenn man ihn einmal wirklich brauchte.

»Papa!«, rief Zackarina.

»Hier im Keller!«, rief Papa zurück.

Zackarina lief schnell die Treppe hinunter und in die Waschküche. Dort stand Papa mit einer Säge in der Hand und wollte gerade ein Brett durchsägen.

»Hast du Kuschelhund gesehen, Papa?«, fragte Zackarina.

Papa antwortete, dass er ihn nicht gesehen habe. »Sicherlich tausendmal«, sagte er, »nur gerade heute nicht. Aber gestern habe ich ihn gesehen«, sagte er noch. »Als du Mama geholfen hast, die Wäsche aufzuhängen.«

»Ja, da lag er im Wäschekorb«, sagte Zackarina. »Aber da habe ich schon gesucht.«

»In deinem Bett?«, fragte Papa. »Hast du dort nachgesehen?«

Das hatte Zackarina. Sie hatte sowohl im Bett als auch unter dem Bett nachgesehen und im ganzen Zimmer und ganzen Haus gesucht. Überall hatte sie gesucht, aber Kuschelhund war nicht zu finden.

»Er kann ja nicht weggelaufen sein«, sagte Papa. »Du musst wohl weitersuchen.«

»Du musst mir helfen«, sagte Zackarina.

Aber Papa hatte keine Zeit, ihr zu helfen. Er hatte ein Loch im Keller entdeckt. Es war ein ziemlich großes Loch in der Wand neben einem Fenster. Und dieses Loch musste er so schnell wie möglich reparieren, jetzt sofort.

Zackarina fand, man könne mit dem Reparieren warten. Das sei doch nicht so wichtig. Aber Papa sagte, dass es sehr wichtig sei. Es sei nicht gut, Löcher in einem alten Haus zu haben. Es könne alles Mögliche hereinkommen. Regen zum Beispiel.

»Und Ratten. Ratten und Füchse und alle möglichen wilden Tiere«, sagte Papa.

Wilde Tiere? Genau, dachte Zackarina. Ich werde den Sandwolf fragen.

»Danke für den Tipp«, sagte sie und lief hinaus.

Den ganzen Weg zum Strand hinunter rief sie nach Kuschelhund. Nicht, dass er antworten könnte, auf jeden Fall nicht laut. Am besten

konnte er ganz leise sprechen und meistens tat er es mit den Augen. Aber sie rief trotzdem, sicherheitshalber.

Damit er hört, dass ich ihn suche, dachte sie.

Einer, den sie nicht suchen musste, war der Sandwolf. Er saß wie in Gold gekleidet vor seiner Grotte und starrte auf den Boden. Er blickte auf einen kleinen Stein – weiß und rund. Er lächelte den Stein an und murmelte etwas.

Zackarina zog an seinem Fell.

»Komm, du musst mir helfen«, sagte sie. »Wir müssen Kuschelhund finden!«

Der Sandwolf rümpfte die Nase. Er mochte Hunde nicht besonders. Er fand sie so wühlerisch.

»Sie wühlen Sachen einfach kaputt«, sagte er. »Zum Beispiel schöne Sandstrände. Und außerdem bellen sie.«

Der Sandwolf mochte nicht angebellt werden.

»Aber Kuschelhund ist lieb«, sagte Zackarina. »Er bellt und wühlt nicht.«

Sie versuchte dem Sandwolf zu erklären, wie unglaublich lieb Kuschelhund war.

»Und klug«, sagte sie. »Er ist genauso klug wie ich.«

»Ui-ui-ui«, sagte der Sandwolf. »Du magst diesen kuscheligen Hund wohl sehr gern.«

Zackarina nickte nur, denn sie hatte Kuschelhund so lieb, dass sie es kaum sagen konnte. Er hatte so glänzende, nette Augen und so krumme, lustige Ohren. Und er war so zart und weich, dass man einfach jauchzen musste! Und wenn alle dumm waren und niemand einen verstand, dann war Kuschelhund so gut, denn er konnte trösten.

»Er ist fast der Beste auf der ganzen Welt«, sagte Zackarina.

Plötzlich füllten sich ihre Augen mit Tränen. Wenn Kuschelhund nun wirklich weg war, weg für immer? Sie wollte nicht ohne Kuschelhund leben.

»Ja, ja«, sagte der Sandwolf. »Ich werde dir suchen helfen, wenn es so wichtig für dich ist mit diesem ... Hund.«

Zackarina schluchzte auf.

»Aber dann musst du erst aufhören zu heulen«, sagte der Sandwolf. »Sonst siehst du ja nicht, wonach du suchst.« Aber Zackarina schluchzte weiter.

»Du, ich habs – ich werde einen Heulstopper

erzählen«, sagte der Sandwolf. »Eine kleine lustige Geschichte, hör zu ... jetzt wird es lustig ...«

Er trampelte im Sand herum und versuchte, auf etwas Lustiges zu kommen.

»Haha! Weißt du was?«, sagte er. »Heute Morgen kam ein Fuchs vorbei, und der meinte, dass er in eurem Haus ein Kaninchen gefangen hatte!«

»Kaninchen? Ich habe doch gar kein Kaninchen«, schluchzte Zackarina.

»Ja, genau«, sagte der Sandwolf. »Es war auch kein Kaninchen, sondern nur ein altes Fellstück mit Sägespänen drin! Was für ein dummer Fuchs, oder?«

Zackarina fand die Fuchsgeschichte überhaupt nicht lustig, nur doof und langweilig. Aber plötzlich kam ihr ein schrecklicher Gedanke: Wäschekorb, Waschküche, das Loch im Keller, Fuchs im Haus – und ein Fellding mit Sägespänen drin.

»Was hat der Fuchs dann gemacht?«, fragte sie mit zitternder Stimme. »Was hat er mit diesem Fellding gemacht?«

»Was weiß ich«, sagte der Sandwolf. »Vielleicht hat er es in die Büsche geworfen. Warum?«

Er blickte zu den Wacholdersträuchern weiter

oben am Strand. Im nächsten Moment war Zackarina mitten in den Sträuchern, und dort – dort, an einem stacheligen Ast hing Kuschelhund und glitzerte mit den Augen.

Zackarina machte ihn vorsichtig los und befreite ihn von Stacheln und Rinde. Sie strich über seine krummen Ohren.

»Armer, kleiner Kuschelhund«, sagte sie.

Der Sandwolf, der sich alles erstaunt angesehen hatte, sperrte nur sein Maul auf.

»Aber hallo. Das ist doch gar kein Hund«, sagte er. »Das ist doch nur ein Fellsack mit Sägespänen!«

Zackarina starrte ihn an und hielt Kuschelhund die Ohren zu, damit er sich solche Dummheiten nicht anhören musste.

»Du bist selbst voll mit Sägespänen«, sagte sie.

Und dann marschierte sie mit Kuschelhund im Arm nach Hause. Nie wieder durfte der Fuchs ihn erwischen. Nie wieder durfte er verloren gehen.

Der Sandwolf seufzte und legte sich in den Sand, direkt vor den glatten, kleinen, weißen Stein.

»Jetzt ist sie wütend«, sagte er. »Obwohl es doch so ist. Es ist ein Fellsack mit Sägespänen.«

Er drückte die Nase an den Stein.

»Es ist gut, dass ich dich habe, kleiner Stein«, sagte er. »Denn du verstehst immer, was ich meine.«

Kleiner Stein bewegte sich keinen Millimeter und sagte kein einziges Wort. Aber er war so glatt und schön, dass der Sandwolf jauchzen musste!

Tick, tick, die Uhr

Es war Sommer und im Haus am Meer war es Morgen. Zackarina saß auf Mamas Schoß und hatte es gemütlich. Es war einer der allerbesten Morgen. Zackarina war noch ein bisschen schläfrig und gähnte und hatte es schön und warm auf Mamas Schoß. Mama las Zackarina ein Buch vor und Papa klapperte mit den Töpfen. Der Haferbrei dampfte auf dem Herd vor sich hin. Die Uhr an der Wand tickte.

»Und so lebten sie glücklich bis an ihr Lebensende«, las Mama vor. Dann klappte sie das Buch zu und umarmte Zackarina.

»Mmmehr«, sagte Zackarina.

»Noch ein Buch?«, fragte Mama.

»Na ja, dafür wird kaum noch Zeit sein«, sagte Papa. »Es ist schon fast acht Uhr.«

Mama erschrak.

»Wie? Acht?«, rief sie. »Schon so spät?«

Sie stand so schnell auf, dass Zackarina fast von ihrem Schoß fiel, denn jetzt hatte sie es eilig – Schuhe finden, wo ist die Tasche, flugs, flugs, der Bus kommt, muss rennen, bis heute Abend und Kuss und tschüs!

Und schon war sie weg und auf dem Weg zur Arbeit.

Zackarina sah ärgerlich zur Uhr. Die schwarzen Zeiger ragten spöttisch hervor.

Tick und tack, es ist acht Uhr,
Mama schnell zur Arbeit fuhr!

Sei still, Schrottuhr, dachte sie.

Papa stellte ihren Haferbrei auf den Tisch.

»Ich gehe raus in den Garten«, sagte er. »Kommst du dann?«

Zackarina nickte und Papa ging hinaus. Sie setzte sich an den Tisch und stocherte in ihrem Brei herum und dachte, dass es viel besser wäre, wenn es dort an der Wand keine Uhr gäbe. Stattdessen lieber ein schönes Bild oder etwas anderes und Lustigeres. Dann müsste niemand loslaufen, mitten in aller Gemütlichkeit.

Und da, da hatte sie plötzlich eine strahlende Idee. Sie ließ den Löffel los, platsch! in die Milch, stand auf und schob den Stuhl an die Wand. Sie kletterte hinauf und holte etwas herunter und schleppte, schlich zur Tür hinaus, schlich die Treppe hinunter und tapste leise über den Rasen, damit Papa sie nicht entdecken sollte. Dann lief sie, so schnell sie konnte, zum Strand.

Dort setzte sie sich in den Sand und holte Atem. Im Arm hatte sie – ja, genau: die Uhr.

Sie legte sie beiseite und fing an zu graben.

Tick und tack.

Ein Stückchen weiter am Strand tummelte sich der Sandwolf und zählte Sandkörner. Er war schon bis zu sieben Stück gekommen und hatte nur noch einige Millionen übrig, als ihn das Tick und Tack in den Ohren kitzelte.

Nanu, dachte er und landete mit einem rasanten Satz neben Zackarina.

»Ich bin wirklich selten«, sagte er.

»Das weiß ich wohl«, sagte Zackarina und grub weiter.

»Selten schön und selten klug«, sagte der Sandwolf und wedelte zufrieden mit seinem langen Schwanz.

Zackarina sah ihn an.

»Was meinst du?«, fragte sie.

»Ich meine«, sagte der Sandwolf, »dass ich genau verstehe, was du vorhast.«

Er machte eine kleine Pause und nickte klug.

»Du willst den Tickerapparat eingraben«, sagte er.

»Ja, das werde ich«, sagte Zackarina. »Denn er stört.«

»Wie stört?«, fragte der Sandwolf.

Zackarina hörte zu graben auf und versuchte es ihm zu erklären.

»Es ist immer das Gleiche«, sagte sie. »Die Uhr stört nur und zerstört alles, die ganze Zeit. Immer, wenn alles am lustigsten und schönsten ist, ist es gerade viertel vor oder zehn nach, und man muss mit allem, was lustig ist, aufhören und sich ins Bett legen und schlafen. Oder es ist acht. Und dann hat niemand mehr Zeit zum Vorlesen.«

Der Sandwolf legte ein Ohr an die Uhr und lauschte sehr genau.

... ticketacke Zeit, ticketacke Zeit,
haltet euch bereit.
Die Uhr ist nicht wenig,
denn sie ist König
über die ticketacke Zeit ...

Der Sandwolf fing schallend an zu lachen. Ja, er lachte und prustete so, dass er Tränen in die Augen bekam.

König über die Zeit? Was für ein dummes, kleines Ding!

Die Uhr zitterte und gab ein ärgerliches TICK UND TACK von sich.

»Ach, was für ein verlogenes Gerede«, sagte der Sandwolf.

Er wandte der Uhr den Rücken zu und setzte sich neben Zackarina.

»Die Uhr misst die Zeit nur«, sagte er. »Aber sie kann nicht über die Zeit bestimmen.«

»Wer macht das dann?«, fragte Zackarina.

»Das kann niemand«, sagte der Sandwolf. »Es ist unmöglich, denn die Zeit ist sehr alt und sehr groß. Und sehr mächtig! Mächtiger als alle Könige und Präsidenten auf der Welt zusammen – man kann sie weder steuern noch anhalten.«

Zackarina blickte in die Grube im Sand.

Wenn die Uhr nicht über die Zeit bestimmt, dann hat es ja keinen Sinn, sie einzugraben. Und dann ist es besser, sie wieder in der Küche aufzuhängen, bevor Papa merkt, dass sie weg ist.

Sie sagte dem Sandwolf »tschüs« und ging nach Hause, mit der Uhr unterm Arm. Aber nach einigen Schritten blieb sie stehen und drehte sich um.

»Ist die Zeit wirklich so, wie du sagst?«, fragte sie. »So groß, meine ich?«

»Unbedingt«, sagte der Sandwolf. »Sie ist so groß, dass man ihr Ende nicht sehen kann. Und auch kaum den Anfang. Auf jeden Fall nicht von hier aus.«

»Dann gibt es nicht zu wenig Zeit?«, fragte Zackarina.

»Zeit«, sagte er. »Zeit gibt es wirklich genug.«

Da ging Zackarina heim und hängte die Uhr wieder an ihren Platz, ohne dass Papa etwas merkte. Und der Tag verging so, wie die Tage vergehen, und als der Tag zu Ende war, war es Abend.

Zackarina lag in ihrem Bett. Neben ihr lag Mama und las ihr eine Gutenachtgeschichte vor. Es war einer der allerbesten Abende. Schöne, kühle Laken und so angenehm schläfrig.

»Und schnipp! und schnapp! Applaus, da war das Märchen aus«, las Mama vor.

Sie klappte das Buch zu, lächelte und umarmte Zackarina.

»Oh, noch mehr«, sagte Zackarina. »Noch ein Märchen.«

»Ich glaube, das wird nichts«, sagte Mama. »Es ist schon ziemlich spät. Schau mal auf die Uhr.«

Zackarina setzte sich im Bett auf.

»Also, jetzt werde ich aber sauer«, sagte sie.

»Warum?«, fragte Mama.

»Die Uhr! Die Uhr ist doch nur ein Apparat!«, sagte Zackarina. »Wie irgendein alter Handmixer. Die Uhr kann wohl nicht über Märchen bestimmen!«

Mama sah Zackarina an. Dann öffnete sie noch einmal das Buch.

»Prinz Hut unter der Erde«, sagte sie. »Willst du das hören?«

Zackarina nickte und lächelte und kroch wieder ins Bett. Prinz Hut mochte sie. Es war lang und gut. Und unten von der Küche hörte man leise Musik aus dem Radio und Papa, der telefonierte. Aber hörte man nicht noch etwas? Eine zarte, zarte Stimme, die leise, leise flüsterte:

Ticke Dank und einen Kuss,
dass ich nicht in die Grube muss!

Fahrraddiebe

Unten am Strand am Meer waren der Sandwolf und Zackarina sehr beschäftigt, jeder mit seiner eigenen Sache. Der Sandwolf war damit beschäftigt, in den auslaufenden Wellen herumzuplanschen. Das Wasser sagte plitsch! und platsch!, und der Sandwolf lachte und dachte an alles, was gut war, und dass es alle gut haben sollten. Er planschte weiche Kissen, gegen den Hunger große Bissen, für den Kranken eine Trage und lange, sonnige Tage.

»Komm, mach mit, Zackarina!«, rief der Sandwolf.

Aber Zackarina hatte keine Zeit, denn sie war mit ihrem Fahrrad beschäftigt. Sie versuchte, ein Fahrradschloss zu bauen. Zackarina nahm einen Stock und band ihn mit dem Springseil in den

Speichen des Hinterrades fest. Sie knotete die kompliziertesten Knoten, die sie kannte, und zog fest zu.

Knack! Der Stock brach ab.

Ich brauche einen dickeren, dachte sie.

Der Sandwolf machte eine Pause mit der Planscherei und trottete auf den Strand. Jetzt hatte Zackarina einen stabileren Stock gefunden, einen, der sicherlich nicht entzweibrach. Um zu prüfen, wie stabil er war, legte sie den Stock auf den Sand und schlug auf ihn ein – schlug und schlug, sodass es knallte und krachte.

»Was tust du?«, fragte der Sandwolf neugierig. »Warum machst du so einen Lärm?«

Zackarina, zerzaust und verschwitzt, hörte zu schlagen auf, hob den Stock hoch und rammte ihn wie ein Schwert in den Sand.

»Fahrraddiebe«, sagte sie.

»Fahrraddiebe?«, fragte der Sandwolf.

»Ja, denn weißt du, was sie tun?«, sagte Zackarina. »Sie nehmen Fahrräder mit. Sie nehmen sie einfach und stehlen sie, obwohl es nicht ihre sind. Wusstest du das?«

Der Sandwolf sagte, dass er so was gehört habe.

»Ich auch«, sagte Zackarina. »Sie haben es im Radio gesagt, dass Fahrraddiebe unterwegs sind.«

Sie schloss die Augen, sah aber trotzdem alles sehr deutlich. Sah die Fahrraddiebe und wie sie heranschlichen. Schlichen durch den Wald, in der Nacht. Mit Taschenlampen in den Händen und schwarzen Masken vor dem Gesicht.

Ihr schauderte und sie öffnete wieder die Augen.

Der Sandwolf kratzte sich hinter dem Ohr.

»Ich überlege«, sagte er, »überlege, wo ich es hingelegt habe.«

Nachdenklich trottete er über den Strand hinweg zu seiner Grotte. Zackarina hörte, wie er dort drinnen herumwühlte, aufjauchzte und blitzschnell zurückkam. Und er hatte ein schwarzes Rohr bei sich. Das Rohr war ziemlich klein und abgenutzt und es sah sehr alt aus.

»Das einzige auf der ganzen Welt«, sagte der Sandwolf und hielt das kleine Rohr hoch.

»Das einzige was?«, fragte Zackarina.

»Diebfernrohr«, sagte der Sandwolf.

Er hielt das Diebfernrohr vor ein Auge und schloss das andere. Er sagte, er habe es vor ungefähr vierhundert Jahren von dem Seeräuberkapitän Holzzeh bekommen. Oder vielleicht waren es vierhundertfünfzig. Und mit dem Diebfernrohr, sagte er, könne man Diebe, Schurken, Ganoven und Banditen sehen.

»Alle Diebe auf der ganzen Welt?«, fragte Zackarina.

»Natürlich«, nickte der Sandwolf und drehte am Fernrohr hin und her. Sagte, dass er einen Bankräuber in England sehe, und dort sei ein Apfeldieb in Kivik.

»Ich will auch durchgucken«, sagte Zackarina. »Ich will mir die Fahrraddiebe ansehen.«

Der Sandwolf stellte das Fernrohr auf Fahrraddiebe ein und reichte es Zackarina. Sie schaute durch das Rohr. Zuerst waren da nur zitternde Linien und flimmernde Farben. Aber dann wurde das Bild schärfer und dann sah sie es. Sah einen Jungen. Einen großen, fast erwachsenen. Er hatte einen roten Pullover an und spielte mit einem Hund. Warf einen Stock weg, dem der Hund hinterherlief und den er holte.

Der Junge streichelte den Hund. Der Hund wedelte mit dem Schwanz.

Dann knackte etwas im Diebfernrohr und das Bild verschwand. Zackarina sah den Sandwolf an.

»War das ein Fahrraddieb?«, fragte sie.

Der Sandwolf nahm das Fernrohr und schüttelte es. Es klirrte und schepperte.

»Hoppla! Das Rohr ist wohl völlig kaputt«, sagte er.

»Aber er hatte doch einen Hund«, sagte Zackarina.

Der Sandwolf nickte und sagte, dass Diebe alles Mögliche haben können. Sogar Geburtstag und Pfannkuchen zum Abendessen und blaue Schlipse mit dünnen Linien. Und manche hatten auch Zahnschmerzen.

»Aber warum nehmen sie Sachen weg?«, fragte Zackarina. »Wissen sie nicht, dass das verboten ist?«

Der Sandwolf warf ihr einen schrägen Blick zu und fing zu lachen an.

»Menschen«, sagte er, »sind die komischsten Tiere auf der Erde, die ich kenne. Manchmal sind sie ganz wunderbar und kochen Himbeermarmelade und singen Lieder und spielen Verstecken mit ihren Kindern. Aber manchmal ... manchmal sind Menschen wirklich gemein zueinander.«

»Ja, denn manchmal stehlen sie Fahrräder«, sagte Zackarina.

Sie zog den Stock aus dem Sand. Der Sandwolf sah sie an und es blinkte in seinen Sternenaugen.

»Ja, manchmal stehlen sie Sachen«, sagte er. »Und manchmal jagen sie einander mit harten Knüppeln und schlagen einander.«

Zackarina sah auf den Stock in ihrer Hand.

»Aber was soll man machen?«, fragte sie.

»Tja, ich selbst werde weiter mit Wasser spritzen«, sagte der Sandwolf.

»Spritzen?«, sagte Zackarina. »Es hilft wohl nichts, wenn man Wasser auf Fahrraddiebe spritzt.«

»Es hilft auch nichts, wenn man sie schlägt«, sagte der Sandwolf.

Zackarina warf den Stock weg.

»Ich werde mit Papa reden«, sagte sie. »Ich werde ihn bitten, ein richtiges Fahrradschloss zu kaufen.«

Sie nahm das Fahrrad und das Springseil und fuhr auf dem Pfad nach Hause.

Als sie hinter der großen Fichte verschwunden war, sprang der Sandwolf ins Meer und fing wieder an zu planschen. Es war ein Plitsch und ein Platsch und die Wassertropfen leuchteten in der Sonne wie wertvolle Diamanten.

Und dann spritzte er – spritzte so viel Wasser

um sich herum, wie er nur konnte. Spritzte weiche Teddys und Honig für die Kranken, spritzte Klugheit für die Dummen und Wasser mit den Pranken, Trost für die Trostlosen und Hoffnung für die Hoffnungslosen.

Spritzte ruhige Nächte und einen satten Magen.

Spritzte schöne Spiele und Glück an allen Tagen.

Abgehauen

Erst gab es Streit, mit Schreien und Schimpfen und ärgerlichen Worten. Dann wurde es ziemlich still im Haus. Papa fing an, die Wände in der Küche abzuwaschen, und Mama putzte den Boden. Zackarina wusste nicht so recht, was sie machen sollte.

»Soll ich ... soll ich helfen?«, fragte sie.

Papa antwortete nicht. Er wischte und wischte nur.

Und Mama sagte: »Nein danke, Zackarina. Ich glaube nicht.«

Zackarina verstand, dass der Streit nicht zu Ende war, und plötzlich wusste sie genau, was sie machen musste.

Leise nahm sie ihren roten Rucksack und ging los.

Den ganzen Pfad zum Strand entlang dachte sie an ihre Mama und ihren Papa. Sie dachte daran, wie die beiden sie vermissen würden, in einer Stunde oder so. Wie sie nach ihr suchen würden, immer unruhiger, und schließlich rufen würden: »Zackariiiiina!«

Aber niemand würde antworten.

Und da würden sie langsam anfangen zu verstehen. Verstehen, dass sie wirklich weg war, und unglücklich werden und anfangen zu weinen.

Den Rest ihres Lebens lang weinen, dachte Zackarina.

Sie kletterte über Stock und Stein, und da war sie am Ende des Pfades angelangt. Hier waren der Strand, das Meer und der Himmel, und mitten in allem sauste der Sandwolf herum. Er machte und tat, ordnete und schuftete. Er zwitscherte Vögel, verzweigte Fichten, streichelte Klippen und häufte Ameisen. Ja, es war wirklich ganz unglaublich, wie hilfsbereit er heute war!

Er rollte im Sand umher und glitzerte, angefüllt mit goldener Hilfsbereitschaft. Und genau da entdeckte er Zackarina. Sie stand am Ende des

Pfades, ernst und still, und mit ihrem roten Rucksack.

»Ich bin abgehauen«, sagte sie. »Ich bin von zu Hause abgehauen.«

Der Sandwolf starrte sie an, aber nur ungefähr drei Sekunden lang. Dann sprang er auf, fit wie ein Hit und mit gespitzten Ohren.

»Oh, wie gut«, sagte er. »Dann kann ich ja helfen!«

Er stürzte auf Zackarina zu, wedelte mit dem Schwanz und verwischte alle Fußspuren, die sie im Sand hinterlassen hatte.

»Du hast hoffentlich gut gepackt?«, fragte er. »Mit warmen Strümpfen und so?«

»Warme Strümpfe? Wieso?«, fragte Zackarina.

»Na, falls es kalt wird, natürlich«, sagte der Sandwolf. »Damit du nicht frierst.«

»Aber es ist doch Sommer«, sagte Zackarina.

»Ja, jetzt schon«, sagte der Sandwolf. »Aber dann? Und am Nordpol!«

»Aber ich will nicht bis zum Nordpol abhauen«, sagte Zackarina.

Der Sandwolf sagte, so etwas könne man nie im Voraus wissen. Er kenne viele, die geglaubt hatten, sie würden sich an einem warmen Platz niederlassen, zum Beispiel auf den Kanarischen Inseln. Aber dann seien sie stattdessen in den Eisbergen am Nordpol gelandet, und dort standen sie dann – ohne warme Strümpfe.

Zackarina ging weiter am Strand entlang. Der Sandwolf lief ihr nach und verwischte ihre Fußspuren.

»Und ein Regenschirm?«, fragte er. »Du hast hoffentlich wenigstens einen Regenschirm eingepackt?«

»Regenschirm?«, fragte Zackarina. »Warum denn?«

»Na, falls es anfängt zu regnen, natürlich«, sagte der Sandwolf. »Falls du nach Norwegen kommst.«

»Aber ich will nicht nach Norwegen«, sagte Zackarina.

»Aha«, sagte der Sandwolf. »Aber wohin willst du dann abhauen?«

Zackarina hielt an und deutete zum Waldrand.

»Dorthin«, sagte sie.

»O nein! Nur bis dorthin? Bis zu den großen Fichten?«, sagte der Sandwolf. »Aber da – da werden sie dich doch finden, ganz einfach, fast sofort!«

Zackarina stampfte in den Sand. Manchmal verstand der Sandwolf wirklich überhaupt nichts. Nicht einmal die allereinfachsten Sachen.

»Das will ich ja«, sagte sie. »Dass sie mich finden. Deshalb haut man doch ab. Wusstest du das nicht?«

Der Sandwolf räusperte sich und kratzte sich am Hals. Dann sagte er, dass er das sehr wohl wisse, selbstverständlich. Das wisse doch jeder – dass man abhaut, weil man wieder nach Hause kommen will.

»Ja, aber nach Hause zu etwas Besserem«, sagte Zackarina.

»Äh ... ja, genau«, sagte der Sandwolf.

Und dann drehte er um und trottete den Strand zurück und legte alle Fußspuren wieder frei, über die er Sand gewedelt hatte.

Zackarina ging weiter zum Waldrand. Sie kroch unter eine der dichten, grünen Fichten. Es war fast wie ein kleine Hütte unter den Zweigen. Sie nahm den Rucksack ab und öffnete ihn. Dort lagen Kuschelhund, ein Comic und ein Apfel.

Weit weg hörte sie unruhige Stimmen ihren Namen rufen, aber sie antwortete nicht. Die unruhigen Rufe kamen näher und näher. Zackarina biss in den Apfel.

»Schhh! Ich habe etwas gehört«, sagte ihr Papa.

Zackarina biss noch ein Apfelstück ab.

»Es kam von hier«, sagte ihre Mama. »Von der Fichte.«

Sie hob einen Zweig hoch, beugte sich hinunter und sah das Versteck.

»Oh, geliebtes kleines Kind«, sagte sie. »Da bist du ja!«

Papa kroch unter die Fichte und umarmte Zackarina. Sie umarmte ihn auch. Nicht allzu fest, nur ein bisschen.

»Verzeih«, sagte Papa.

»Was verzeihen?«, fragte Zackarina.

»Dass ich gesagt habe, dass du ein beschwerliches Kind bist«, sagte Papa.

»Und entschuldige, dass ich dich angeschrien habe«, sagte Mama. »Aber ich habe mich so erschreckt. Was für ein Krach!«

»Ist sie kaputtgegangen?«, fragte Zackarina.

Mama nickte.

»Aber das ist nicht so schlimm«, sagte sie. »Diese Kaffeekanne war sowieso nicht so gut.«

Zackarina pulte am Apfel und zog ein Stück von der Schale ab.

»Es war keine Absicht«, sagte sie. »Der Ball ist einfach davongeflogen.«

»Tja, so etwas passiert halt manchmal«, sagte Papa. »Dass Bälle einfach fliegen.«

»Aber ich habe trotzdem nicht vor, nach Hause zu kommen«, sagte Zackarina. »Denn ich bin ja schließlich abgehauen.«

Leise saßen sie eine Weile zusammen unter der dichten, grünen Fichte. Die Vögel zwitscherten.

»Komisch, dass hier keine Ameisen sind«, sagte Papa.

»Ein wunderbarer Platz«, sagte Mama. »Hier könnte man fast übernachten.«

»Ja, im Schlafsack!«, sagte Zackarina.

Und so machten sie es.

Als es Abend wurde, legten sie sich unter die dichten Fichten in ihre Schlafsäcke und schliefen ein.

Aber der Sandwolf, der war natürlich wach. Er

machte und tat. Er wiegte das Meer und blinkte die Sterne und teilte Regenschirme aus – an alle armen Ausreißer, die nicht unter grünverzweigten Fichten schliefen.

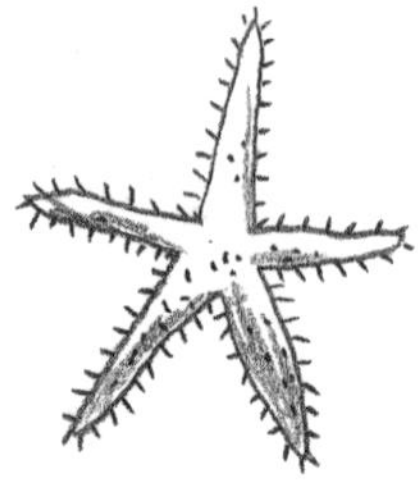

In der grünen Welt

Der Sandwolf lag flach in der Sonne auf einer glatten Klippe am Meer. Dicht neben ihm saß Zackarina und kratzte an ihren Mückenstichen – sieben Stück an dem einen Bein und drei an dem anderen. Damit hatte es nichts Besonderes oder Komisches auf sich. Nichts war besonders oder komisch.

Zackarina strich mit der Hand über die Klippe. Die war warm von der Sonne und hart und grau.

»Manchmal denke ich so was«, sagte sie. »Stell dir vor, es gibt noch einen anderen Ort.«

Der Sandwolf, der gerade am Einschlafen gewesen war, öffnete ein Auge. Einen anderen Ort?

»Wie eine ganz andere Welt«, sagte Zackarina. »Wo alles anders ist.«

Nun öffnete der Sandwolf beide Augen.

»Was meinst du mit anders?«, fragte er.

»Wie zum Beispiel, als wäre alles aus Schaumgummi«, sagte Zackarina. »Einfach alles – die Tische und die Stühle und der Boden und jeder kleine Stein …«

Und so stellte sie sich vor, wie weich alles wäre an diesem Schaumgummiort. Man könnte überall hinfallen und würde sich doch nie wehtun. Man würde nur zurückprallen.

Der Sandwolf hob den Kopf an und sah aufs Meer hinaus.

»Man könnte sich ja vorstellen«, sagte er, »vorstellen, dass man eine Eintrittskarte findet.«

Eine Eintrittskarte?

Zackarina legte sich mit dem Rücken auf die Klippe, schloss die Augen und dachte sich eine Eintrittskarte. Sie wusste genau, wie die aussah.

»Sie ist grün«, sagte sie. »Hellgrün und ziemlich klein.«

Und genau in dem Augenblick, als sie sich die Eintrittskarte vorstellte, lag diese in ihrer Hand – papierraschelig und hellgrün und ziemlich klein. Quer über der Karte waren ein schwarzer Strich und eine Schere zu sehen.

»Aber ich glaube, man kann sie auch auseinanderreißen«, sagte Zackarina.

»Wie auseinanderreißen?«, fragte der Sandwolf.

»Na, das verstehst du doch wohl«, sagte Zackarina. »So!«

Und sie riss die Eintrittskarte entzwei.

Ritsch!

Die ganze Welt bebte. Der Himmel hellte sich auf und Zackarina fiel – direkt durch die harte Klippe hindurch. Ein Licht blitzte, und es donnerte, und dann wurde alles anders.

Zackarina blinzelte. Sie rieb sich die Augen.

Es war grün. Alles war grün. Nicht grün wie ein Rasen oder ein Wald, sondern grün auf eine ganz andere Weise.

Jedes Ding war grün!

Zuerst wurde es Zackarina ganz schwindelig. Alles war so neu und komisch, ein wimmeliges Wirrwarr von verschiedenen grünen Farben. Aber langsam fing sie an, sich daran zu gewöhnen, und verstand, was sie wirklich sah.

Sie sah eine knallgrüne Sonne an einem hellgrünen Himmel.

Sie sah graugrüne Häuser entlang einer schmalgrünen Straße.

Sie sah dunkelgrüne Autos, die auf der schmalgrünen Straße fuhren.

Und sie hörte und fing an zu lachen – denn sogar die Laute waren grün! Und die Düfte! Es roch grün! Das Einzige, was nicht grün war, war Zackarina.

Sie schaute auf ihre Hände, auf die Arme und die Beine. Nicht der allerkleinste grüne Fleck. Sicherheitshalber setzte sie sich auf einen moosgrünen Stein und zählte ihre Mückenstiche. Sieben an dem einen Bein und drei an dem anderen.

Ich bin genau die Gleiche wie vorher, dachte sie.

Da hörte sie eine Stimme. Eine freundlichgrünfröhliche Mädchenstimme.

»Sieh Mama! Da ist ein neues Mädchen gekommen!«

Zackarina blickte auf. Auf der schmalgrünen Straße standen ein Grünmädchen und ihre grüne Mama. Die beiden wollten sicherlich gerade auf die andere Seite gehen und warteten darauf, dass die dunkelgrünen Autos anhielten. Die grüne Mama hielt das Grünmädchen fest an der Hand.

Das Grünmädchen und Zackarina sahen einander an. Beide lächelten, und Zackarina war sich ganz sicher, dass das Grünmädchen auch Kaninchen mochte. Sie stand von dem Stein auf.

»Wir gehen auf den Spielplatz, schaukeln«, sagte das Grünmädchen. »Willst du mitkommen?«

Zackarina nickte. Natürlich wollte sie mitkommen. Natürlich wollte sie schaukeln!

Das Grünmädchen zog an der Hand ihrer Mama.

»Sie darf doch?«, sagte sie. »Denn ich will mit ihr spielen.«

»Mit wem?«, fragte die grüne Mama.

»Mit dem neuen Mädchen natürlich!«, sagte das Grünmädchen.

Die grüne Mama sah sich um. Für einen kurzen Moment verweilte ihr Blick auf Zackarina. Dann wandte sie sich um.

»Neues Mädchen?«, fragte sie. »Ich verstehe nicht, wovon du sprichst.«

Zackarina merkte, wie die ganze Welt bebte. Der hellgrüne Himmel leuchtete auf in blitzendem Licht und dunklem Donner, und sie war wieder zurück – zurück in ihrer eigenen, gewöhnlichen Welt. Auf der glatten Klippe lag der Sandwolf, goldenschön und wüstenwarm.

»Na, wie war es?«, fragte er. »Wie war es an dem anderen Ort?«

Zackarina fauchte, ärgerlich wie eine aufgebrachte Katze.

»Sie hat gelogen!«, fauchte sie. »Sie hat mich gesehen, sie wusste, dass ich da war!«

»Wer?«, fragte der Sandwolf. »Wer hat gelogen?«

»Die grüne Tante. Ich mochte sie überhaupt nicht«, sagte Zackarina.

Und dann erzählte sie alles, was in der grünen Welt geschehen war. Der Sandwolf fand es sehr interessant. Er verstand genau, wie anders es gewesen war und doch auch ziemlich normal.

»Aber du?«, fragte der Sandwolf. »Warst du auch anders?«

»Ja und nein und nein und ja«, sagte Zackarina. »Und mehr sage ich nicht, denn jetzt bist du dran.«

»Wie, jetzt bin ich dran?«, fragte der Sandwolf.

Zackarina legte sich mit dem Bauch flach auf die Klippe. Die war sonnenwarm und hart und grau. Zackarina schaute auf das Meer hinaus.

»Stell dir ein Kaninchen vor«, sagte sie. »Und das soll möglichst grün sein.«

Und der Sandwolf stellte es sich vor.

Fein fürs Fest

Heute Abend wollten sie auf ein Fest gehen, Zackarina und Mama und Papa. Eine Tante Klara hatte Geburtstag und wurde fast hundert Jahre alt.

Zackarina hatte sie nie getroffen, aber Papa sagte, dass Tante Klara eine sehr nette und liebenswerte alte Dame sei.

»Ich werde mein Kleid anziehen«, sagte Mama. »Das rote, ihr wisst schon.«

»Dein schönstes?«, fragte Zackarina. »Ziehst du auch deine goldenen Ohrringe an?«

Mama nickte.

Sie saßen draußen auf der Treppe und tranken Himbeersaft und aßen Kekse. Der Wind war warm und die Fliegen surrten schläfrig um die Saftgläser herum.

»Und ich ziehe meinen Anzug an und den hellgrauen Schlips«, sagte Papa.

Nun verstand Zackarina, dass es ein sehr feines Fest werden würde. Ansonsten trug ihr Papa fast nie einen Schlips.

»Jetzt weiß ich es«, sagte Zackarina. »Ich weiß genau, was ich anziehen werde!«

Sie lief die Treppe hoch in ihr Zimmer und holte ihre blauen Kleider hervor. Das waren eine knallblaue Gymnastikhose und ein ebenso blaues T-Shirt und ein dunkelblauer Umhang. Der Umhang war das Beste. Der Stoff war dünn und glänzte und Oma hatte ihn genäht.

Zackarina zog ihre blauen Kleider an und rannte nach unten. Sie drehte sich ein paarmal um sich selbst, sodass der Mantel richtig wehte.

»Tatarataaah«, sagte sie und breitete die Arme aus.

Papa und Mama sahen sie an. Dann sahen sie auch sich an – aber nur ganz kurz.

»Deine blauen Sachen?«, fragte Papa.

»Nein, Zackarina, nicht die. Zieh ein Kleid an«, sagte Mama. »Dein weißes, das mit den Spitzen. Das ist doch sehr schön.«

Der Umhang fiel über Zackarinas Schultern zusammen. Sie nahm einen Keks und biss ein kleines, kleines Stückchen davon ab. Sie wollte auch Saft trinken, aber es schwamm eine Fliege im Glas.

»Ich mag das weiße Kleid nicht«, sagte sie. »Es ist unbequem.«

Und dann legte sie den Keks auf den Tisch und ging ihres Wegs hinunter zum Strand.

Als sie ungefähr in der Mitte des Pfades angekommen war, sah sie eine Rosette – eine rosa Rosette mit flatterndem Band, die in einem Busch festhing.

Zackarina machte sie vorsichtig los und nahm die Rosette mit zum Strand. Dort schaute sie sich um und entdeckte fast sofort den Sandwolf. Obwohl sie nur seine Ohren sah. Die lugten hinter dem großen Stein hervor und sie sahen ungewöhnlich gespitzt und frisch geputzt aus.

»Sieh, was ich gefunden habe!«, rief Zackarina. »Ich habe eine ... eine ...«

Ja, sie wollte eigentlich »eine Rosette« sagen, aber das Wort blieb ihr im Halse stecken. Denn nun sah sie den ganzen Sandwolf. Er war auf den großen Stein gesprungen, und dort stand er jetzt – in einem hellrosa Ballerinaröckchen.

»Oh, was für ein Glück«, sagte er. »Meine Rosette! Ich habe sie überall gesucht!«

Er hüpfte von dem Stein herunter und trippelte auf Zackarina zu. Der Rock wippte und wehte, und in seinem Fell glitzerten und glänzten kleine silberne Pailletten. Er nahm die Rosette und steckte sie sich hinters Ohr.

»Hübsch, nicht wahr?«, sagte er und lächelte mit all seinen weißscharfen Zähnen.

Zackarina wusste nicht so recht, was sie sagen sollte.

»Äh ... Kleider?«, sagte sie. »Also, ich habe nicht gedacht, dass du ... Kleider magst.«

Der Sandwolf sah sie erstaunt an.

»Aber das sind doch keine gewöhnlichen Kleider«, sagte er.

»Nein ... nein, keine gewöhnlichen«, sagte Zackarina.

»Na eben«, sagte der Sandwolf. »Dies hier sind meine ballerinafeinen Festkleider.«

Er bauschte seinen Rock auf und erzählte, dass heute der Große-Haufen-Tag sei. Das sei für die

Ameisen ungefähr wie Weihnachten. An diesem Tag stießen auf der ganzen Welt die Ameisen mit Honigtau an und wünschten einander einen großen und stattlichen Haufen.

»Und ich werde immer eingeladen«, sagte der Sandwolf. »Denn ich bin Ehrenameise.«

Er schwenkte den Rock und strahlte vor Glück, in Rosentüll und Silber.

»Darf man bei diesem Fest anhaben, was man will?«, fragte Zackarina.

»Um Himmels willen! Natürlich nicht«, sagte der Sandwolf. »Die Ameisen haben strikte Kleiderregeln.«

Und dann fing er an, sie aufzuzählen. Man durfte nicht in Blaumeisenblau oder Hackspechtsrot gekleidet sein oder eine Bärenfellmütze aufhaben. Gestreifte T-Shirts waren auch verboten, denn vor langer Zeit war einmal eine berühmte Königin in einem gestreiften T-Shirt hängen geblieben und für immer verschwunden.

»Deshalb bedeuten gestreifte T-Shirts Unglück in der Welt der Ameisen«, sagte der Sandwolf.

Zackarina fand, es klinge kompliziert mit den ganzen Ameisenkleiderregeln. Aber der Sandwolf meinte, sie seien einfach, wenn man sie kenne.

Und dann drehte er eine Pirouette und tanzte in seinen allerfeinsten Ballerinakleidern davon – im Spitzentanz war er bald zwischen den Fichten verschwunden.

Zackarina ging wieder heim. Der warme Wind spielte mit ihrem Umhang, der war dünn wie ein Spinnennetz und blau wie ein Gewitter.

Ich bin fein, dachte sie. Festfein.

Sie ging ins Haus. Mama und Papa waren in der Küche, fast fertig für das Fest. Mama fingerte an ihren Ohrringen herum und Papa versuchte sich den Schlips zu binden. Es roch nach Parfüm, und Papa sagte, man sollte eben besser eine Fliege haben.

Zackarina stellte sich mitten in die Küche, blau von Kopf bis Fuß.

»Also dieses Fest«, sagte sie. »Gibt es dafür irgendwelche Regeln oder so?«

»Tja, man soll artig und nett sein und so«, sagte Papa.

»Und man soll Spaß haben«, sagte Mama. »Das, glaube ich, findet Tante Klara am allerwichtigsten – dass alle froh sind.«

»Gut«, sagte Zackarina. »Wenn das so ist, muss ich meine blauen Kleider anbehalten.«

»Musst du?«, fragte Mama.

»Ja, denn sonst werde ich niemals im Leben froh«, sagte Zackarina. »Auf jeden Fall nicht auf diesem Fest.«

Und nach einigem Hin und Her und Gerede über Kleider und Schlipse und Fliegen geschah es, wie Zackarina es wollte. Später am Abend gab sie Tante Klara in ihren frisch gebügelten blauen Kleidern die Hand und knickste und gratulierte ihr zum Geburtstag.

Tante Klara sah Zackarina mit ihren fast hundertjährigen Augen lange an.

»Wie fein du bist, Zackarina«, sagte sie. »Du bist ja ganz entzückend festfein.«

Allein zu Haus

Zackarina saß in der Küche und legte ein Puzzle. Es war ein ziemlich schwieriges Puzzle und es stellte ein Schloss dar. Bisher hatte sie noch nie das ganze Puzzle geschafft, aber jetzt fehlten nur noch einige Teile – da oben am Turm und am Dach.

Mitten im Puzzeln kam ihr Papa mit den Autoschlüsseln in der Hand in die Küche.

»Wir müssen einkaufen fahren«, sagte er. »Zieh dir die Schuhe an, dann fahren wir.«

Zackarina sah vom Puzzle auf, aber nur einen Augenblick.

»Jetzt nicht«, sagte sie. »Ich will nicht.«

»Aber das Geschäft macht bald zu«, sagte Papa. »Wir müssen jetzt fahren.«

»Dann fahr halt allein«, sagte Zackarina. »Denn ich werde nicht mitkommen.«

Sie drückte ein Puzzleteil am Dach des Turmes fest. Es passte genau. Papa sah auf die Uhr.

»Bist du dir sicher?«, fragte er. »Bist du dir sicher, dass du allein zu Hause bleiben willst?«

»Aber ja doch!«, sagte Zackarina. »Hab ich doch gesagt!«

Papa klapperte mit den Autoschlüsseln. Schaute noch einmal auf die Uhr.

»Ich bin ja nur kurz weg«, sagte er. »Aber glaubst du wirklich ...?«

»Aber ja, tschü-üüs«, sagte Zackarina.

Und dann ging Papa, rief: »Machs gut«, und schloss die Tür.

Er startete das Auto und fuhr los.

Und dann wurde es still.

Zackarina merkte es sofort. Merkte, dass es so komisch still wurde. Still und leer auf eine Art, die sie nicht kannte. Und da fiel ihr ein, dass es das erste Mal war. Das erste Mal, dass sie ganz allein in einem ganz leeren Haus war.

Nur für eine kleine Weile, dachte sie. Denn er kommt gleich zurück.

Aber es war schwer, nicht daran zu denken. Nicht daran zu denken, wie unglaublich leer das

Haus war. Die Küche war plötzlich ganz anders. Es war, als wäre es eine ganz fremde Küche, und sogar die Laute waren fremd. Der Wasserhahn, der tropfte. Der Kühlschrank, der summte und brummte.

Und der Herd! Der Herd starrte sie an mit seinen schwarzen Knöpfen, riss sein viereckiges Maul auf.

Zackarina nahm ein neues Puzzleteil in die Hand. Drehte und wendete es.

Und der Wasserhahn tropfte.

Und der Kühlschrank brummte.

Und die Treppe knarrte ...

Und da – da rannte Zackarina. Sie rannte vom Puzzle weg, aus der Küche und dem Haus hinaus und rannte und rannte, so schnell ihre Beine sie tragen konnten, fast bis hinunter zum Strand. Bei den Wacholdersträuchern hielt sie an, drehte sich um und sah zum Haus hinauf.

Dachte an den Herd. Hatte der schon immer so gestarrt und sein Maul aufgerissen?

Dann ging sie bis zur glatten Klippe und ganz weit draußen saß der Sandwolf. Zackarina setzte sich dicht neben ihn. Er war kratzig weich und in seinem Wüstenfell glitzerte es golden. Sie saßen eine Weile still da und sahen auf das Meer hinaus.

»Ich bin heute allein zu Hause«, sagte Zackarina. »Aber nur für kurze Zeit.«

Der Sandwolf warf ihr einen blauen Blick zu und fragte, wie sie diese kurze Zeit finde. War es eine unglaublich gute kurze Zeit oder eine unglaublich schlechte?

»Ich weiß nicht genau«, sagte Zackarina. »Irgendwas dazwischen.«

Sie strich mit der Hand über des Sandwolfs raschelndes Fell.

»Ich wünschte, dass ich groß wäre«, sagte sie.

»Groß? Wieso?«, fragte der Sandwolf.

»Weil die, die groß sind, wohl nicht so viel denken«, sagte Zackarina. »Sie denken wohl nicht an Herde, die das Maul aufreißen und so, wenn sie allein sind.«

»Machen sie nicht?«, fragte der Sandwolf. »Denken sie nichts in der Einsamkeit?«

»Nein, ihnen ist es wohl egal, wenn der Kühlschrank komisch klingt«, sagte Zackarina.

Der Sandwolf spitzte die Ohren und sagte: »Wie

meinst du das? Wie klingt der Kühlschrank komisch?«

Zackarina machte die Kühlschranklaute nach, das Summen und Brummen. Und den Wasserhahn ... tropf, tropf, tropf ... Und die Treppe, die knarrte und knackte. Der Sandwolf hörte genau zu. Dann nickte er mit dem Kopf und fing an, mit seinem Raschelschwanz den Takt zu schlagen.

»Trippe ... tropftropf ... knarre ... knirrknarr ... tropf ... trippetra ...«

Zackarina hörte den Takt und fing an, ihn mitzuklatschen. Sie knirrten und klapperten und entschieden, dass das Ganze »Das knirrige Knarrlied des einsamen Hauses« heißen sollte.

Allerdings fand Zackarina es schade, dass sie nicht genauso rascheln konnte wie der Sandwolf.

»Oder?«, sagte sie. »Du hast nicht zufällig irgendwo eine kleine Büchse?«

Zum Glück hatte der Sandwolf genau so eine – eine kleine, rote Blechbüchse, in der Bonbons gewesen waren. Er kramte sie hervor und gab sie Zackarina. Sie fuhr mit den Händen an seinem goldgelben Wüstenfell entlang und füllte die kleine

Büchse mit Sand. Dann schloss sie den Deckel und schüttelte die Büchse.

»Oh, wie schön!«, seufzte der Sandwolf. »Welch liebliche Musik! Oh, spiel mehr!«

Aber Zackarina wollte nicht. Sie wollte nach Hause gehen und ihr Puzzle fertig legen.

Und so ging sie. Den Pfad hinauf, näher und näher zu dem leeren Haus.

Ich werde den Herd nicht angucken, dachte sie. Ich kümmere mich einfach nicht um ihn.

Als sie in die Küche kam, schaute sie nur direkt auf den Tisch und das Puzzle. Die Raschelbüchse hielt sie fest in der Hand und sie war fast genauso warm wie ein Sandwolf.

Der Kühlschrank brummte, der Wasserhahn tropfte einen Tropfen.

Aber da schüttelte Zackarina ihre sandraschelnde Büchse und sang – laut wie eine Opernsängerin. Sie sang »trallala« und »jabbadiduu« und legte das allerletzte Puzzleteil an seinen Platz.

Als Papa mit den Einkaufstaschen nach Hause kam, fragte er, ob alles gut gegangen sei.

»Ja, halbgut«, sagte Zackarina. »Aber es war sehr anstrengend, zu singen.«

»Singen?«, fragte Papa. »Ich dachte, du wolltest ein Puzzle legen.«

»Ja, aber ich habe auch gesungen«, sagte Zackarina. »So!«

Und dann sang sie ein langes und sandraschelndes Lied, das »Aber nächstes Mal hängen wir eine Decke über den Herd« hieß. Und unten auf der Klippe am Meer schlug der Sandwolf mit seinem schwingenden Schwanz den Takt dazu.

Die Beerdigung

Eines Tages ereignete sich eine traurige Sache. Es geschah mitten beim Abendessen, kurz vor dem Nachtisch. Papa wollte gerade den Apfelkuchen anschneiden, als etwas gegen das Fenster schlug.

»Hilfe! Was für ein Knall!«, sagte Zackarina.

»O nein, das war ein Vogel«, sagte Mama.

»Oje, er ist gegen die Scheibe geflogen«, sagte Papa.

Sie ließen den Apfelkuchen stehen und gingen alle drei hinaus, um nachzusehen, ob der Vogel unverletzt war. Aber das war er nicht. Er war tot. Papa sagte, er habe sich den Nacken gebrochen.

»Es ist eine Amsel«, sagte er.

»Oh, wie schade«, sagte Mama. »Die singen so schön.«

Zackarina hockte sich hin und sah den Vogel

an. Er lag mit ausgebreiteten Flügeln auf dem Rücken im grünen Gras, wie ein kohlrabenschwarzer Engel. Die Augen waren offen, aber es war nicht das allerkleinste Fünkchen Leben in ihnen.

»Was sollen wir mit ihm machen?«, fragte Mama. »Er kann doch hier nicht liegen bleiben.«

Zackarina stand auf.

»Nein, ich werde ihn begraben«, sagte sie. »Damit er ein eigenes Grab bekommt, unten am Strand.«

Mama suchte einen Schuhkarton in der richtigen Größe hervor, in den sie den Vogel legten. Und Papa holte einen kleinen Spaten, mit dem man gut graben konnte. Dann nahm Zackarina die Schachtel und den Spaten und ging zum Strand hinunter.

Sie ging mit langsamen Schritten und trug die Schachtel in beiden Händen vor sich her.

Es fühlte sich feierlich an, den Pfad hinunterzugehen, allein mit einem toten Vogel. Allerdings nicht ganz allein. Direkt neben ihr glitt ein goldener Schatten, leise wie ein wehender Windhauch. Es war der Sandwolf, und Zackarina verstand, dass er bereits wusste, dass die Amsel gegen die Scheibe geflogen war. Das hörte man am Rascheln.

»Bist du jetzt traurig?«, fragte Zackarina.

Der Schatten an ihrer Seite schimmerte und sagte, dass dem Tod fast immer die Trauer folgte. Sie gingen Hand in Hand, wie Bruder und Schwester. Zackarina verstand, was er meinte, und dachte, dass in diesem Fall die Trauer die Schwester war.

»Hier«, sagte sie. »Hier werde ich ihn begraben.«

Sie setzte die Schachtel bei einem schönen, kleinen Wacholderstrauch ab. Auf dem Boden wuchsen kurzes, weiches Gras und kleine, weiße Blumen, die wie Sterne aussahen. Der Sandwolf tapste umher und glitzerte Gold und machte den Strauch noch ein wenig hübscher.

Zackarina nahm den Spaten und fing zu graben an. Der Boden war ziemlich hart, sie musste alle ihre Kräfte aufwenden. Sie grub und hackte mit dem Spaten, bis es in den Armen und im Rücken wehtat.

»Jetzt muss ich mich ausruhen«, sagte sie. »Das ist ja anstrengend.«

»Ja, ein Grab zu graben ist wirklich keine leichte Arbeit«, sagte der Sandwolf.

Zackarina zog die Schachtel mit dem Vogel näher zu sich heran. Da lag er mit seinen stattlichen, glänzenden Federn. Er sah fast aus, als ob er lebe, und tat es doch nicht.

Sie nahm einen Stock vom Boden auf und berührte damit den gelben Schnabel, spielte ein bisschen herum, bis sich der Schnabel öffnete. Dort drinnen war eine Zunge – eine sehr kleine Zunge.

Aber keine Zähne, dachte Zackarina.

Sie sah in das Loch hinunter und entdeckte einen Regenwurm, dünn wie ein Faden. Sie versuchte ihn zu erwischen, aber er schlängelte sich davon. Sie fühlte die Erde im Loch an. Sie war kalt und feucht.

»Muss man ihn wirklich begraben?«, fragte sie.

»Nein, müssen muss man nicht«, sagte der Sandwolf.

Zackarina überlegte und sah hinauf in den Himmel und zu den Bäumen. Überall zwitscherten und flogen die anderen kleinen Vögel – alle, die noch lebten.

»Kann man ihn nicht stattdessen in einen Baum hängen?«, fragte sie. »Dann ist er nicht einsam und hat es nicht so dunkel.«

»Ja, aber der Vogel merkt nicht, dass es dunkel ist«, sagte der Sandwolf. »Nicht jetzt, wo er tot ist.«

»Oder ein kleines Boot bauen?«, sagte Zackarina. »Mit einem Segel, und es aufs Meer setzen?«

Sie stellte sich die Amsel in dem kleinen Boot vor – wie sie segeln und schaukeln würde, fort und hinweg auf dem blauen, blauen Meer. Das erschien ihr doch viel schöner als in einer Grube begraben zu werden. Aber dann dachte sie an die Stürme. Wenn es nun ein Unwetter auf dem Meer gab und das Boot kenterte und unterging!

»Und dann ertrinkt sie vielleicht«, sagte sie. »Denn Amseln können doch nicht schwimmen, oder?«

»Nein, vor allem die toten nicht«, sagte der Sandwolf.

»Ach ja, genau«, sagte Zackarina. »Oh, wie dumm!«

»Dass sie nicht ertrinken kann?«, fragte der Sandwolf.

»Nein! Dumm, dass sie nicht sagen kann, wie sie es haben möchte«, sagte Zackarina. »Mit der Beerdigung.«

Der Sandwolf nickte und sagte, dass dies ein Problem sei mit den Toten – dass es so schwierig sei, sie zu fragen.

»Vielleicht ist es ihr egal«, sagte Zackarina.

»Das ist sehr gut möglich«, sagte der Sandwolf.

Zackarina schaute den Vogel an. War es so? War es so, dass ihm die ganze Beerdigung egal war? Dass es ihn überhaupt nicht kümmerte?

»Aber dann bestimme ja nur ich«, sagte sie.

»Ja, so ist es wohl«, sagte der Sandwolf.

Zackarina machte ein paar Purzelbäume, um ihre Gedanken ein bisschen besser zu ordnen. Was sollte sie mit der Amsel machen? In die Erde oder auf einen Baum? Oder in einem Boot aufs Meer? Oder in den Gefrierschrank, zu Hause in der Küche? In einer schönen Tüte mit Blumen, dachte sie. Eine Tiefkühlbeerdigung – oder umgekehrt: ein Feuer! Eine Vogelfeuerbestattung!

Aber dann brauche ich Hilfe, dachte sie. Mit den Streichhölzern.

Es war nicht so leicht, sich zu entscheiden. Aber

nach sieben Purzelbäumen wusste sie schließlich, wie sie es haben wollte, und es wurde ein Grab in der Erde.

»Denn dann kann ich mich darum kümmern«, sagte sie. »Blumen pflanzen und so, und dasitzen und manchmal weinen.«

Der Sandwolf meinte, das sei eine gute Entscheidung, und bald war das Grab fertig – mit Grabstein, Kränzen und Blumen. Unten in der Erde lag

die Amsel auf einem Bett von weißen Schneckenhäuschen und unter einer Decke von Rosenblättern.

»Damit sie keinen Dreck in die Augen bekommt«, sagte Zackarina.

Mama und Papa kamen zur Beerdigung und sie hatten Apfelkuchen und Saft dabei. Zusammen sangen sie die allerschönsten Lieder, die sie kannten, sowohl die traurigen als auch die fröhlichen. Dann sprachen sie lange von Vögeln und Engeln, und alle drei fanden, dass es eine sehr geglückte Beerdigung gewesen war.

Bevor sie nach Hause gingen, streute Zackarina Apfelkuchenkrümel um das Grab herum.

Die Vögel brauchen sicherlich auch ein Fest, um sich zu trösten, dachte sie.

Und als der Mond aufging und Vögel und Menschen schliefen, hielt der Sandwolf Wache und blickte auf das Meer hinaus. Neben ihm saß Schwester Trauer und zusammen entzündeten sie die klaren Sterne des Trostes.

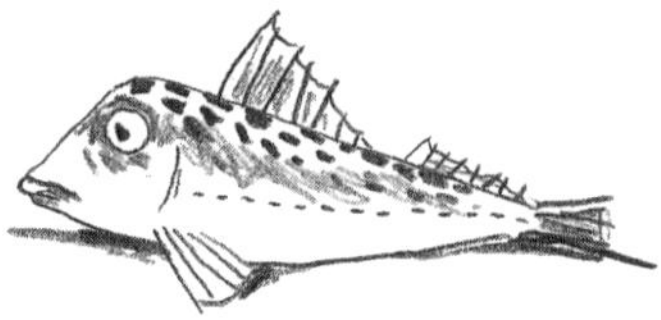

Farben denken

Zackarina erwachte von einem Sommerregen, der gegen das Fenster prasselte, und von einem Gewitter, das leise vor sich hinrumorte. Sie setzte sich im Bett auf. Es war mitten in der Nacht und fast ganz dunkel im Zimmer. Die Wände waren dunkelgrau und die Decke schwarz.

Komisch, dachte sie. Das stimmt doch nicht.

Und so legte sie sich wieder hin und schlief ein.

Das nächste Mal, als sie aufwachte, war es Morgen. Die Sonne schien durchs Fenster. Die Wände waren weiß und die Decke rot. Sie zog sich an und ging in die Küche hinunter. Mama war schon zur Arbeit gefahren und Papa hatte gerade den Haferbrei auf den Tisch gestellt. Er erzählte ein bisschen von diesem und jenem, aber Zackarina hörte kaum zu.

»Was ist los mit dir?«, fragte Papa. »Bist du noch müde?«

»Schhh, ich denke«, sagte Zackarina.

Sie stand vom Tisch auf und ging in die Diele. Dort zog sie ihre roten Stiefel an, kletterte in die Kleiderkammer und schloss die Tür. Papa hörte, wie sie dort drinnen das Licht an- und ausmachte. Erst langsam, dann immer schneller.

»Aber Zackarina!«, rief er. »Spiel nicht mit der Lampe.«

Zackarina kam aus dem Kleiderschrank heraus.

»Ich spiele nicht«, sagte sie. »Ich experimentiere.«

Und dann ging sie hinaus.

Das nächtliche Unwetter war verschwunden und die Sonne schien hell. Aber am Strand war es immer noch gewittrig, denn dort donnerte der Sandwolf mit krachenden Sprüngen umher. Er hatte die ganze Nacht Wildwetter gejagt und war nun explovoll von stürmischen Blitzen.

»Hallo! Halt an! Ich muss mit dir reden!«, rief Zackarina.

Der Sandwolf bremste ab, so scharf er konnte, und hielt vor Zackarina an.

»Ja, reden!«, sagte er. »Wir könnten vielleicht über Gewitter reden?«

»Nein, wir müssen über Farben reden.«

»Aha, blau reden! Blau ist gut«, sagte der Sandwolf. »Besonders Regenblau.«

»Aber meine Decke ist nicht blau, sie ist rot«, sagte Zackarina.

»Rot ist auch lecker«, sagte der Sandwolf.

»Aber heute Nacht war sie schwarz«, sagte Zackarina.

Der Sandwolf rümpfte die Nase und sagte, dass er lieber Blau als Schwarz esse.

»Denn von Schwarz werde ich nie richtig satt«, sagte er.

Zackarina seufzte. Der Sandwolf schien von dem Sturm ganz wirr geworden zu sein. Sie hielt sein Ohr fest und sprach sehr deutlich.

»Meine Decke ist am Tag rot«, sagte sie. »Aber ist sie in der Nacht genauso rot?«

Der Sandwolf riss die Augen auf.

»Aha! So meinst du das«, sagte er. »Du fragst dich, wohin die Farben nachts verschwinden.«

»Nicht nur in der Nacht«, sagte Zackarina. »Es ist das Gleiche in der Kleiderkammer.«

Und so erzählte sie von ihrem Experiment.

»Wenn man in der Kleiderkammer steht und das Licht an ist«, sagte sie, »dann sind die Stiefel die ganze Zeit rot. Aber dann macht man das Licht aus und dann wird es dunkel. Die Stiefel sind noch an den Füßen, das spürt man ja. Aber sind sie auch noch rot? Genauso rot wie vorher, als die Lampe an war?«

Der Sandwolf sagte sehr bestimmt, dass es in der Dunkelheit keine roten Stiefel gebe.

»Aber welche Farbe haben sie dann?«, fragte Zackarina. »Wenn sie nicht rot sind?«

»Im Dunkeln haben sie keine Farbe«, sagte der Sandwolf. »Denn die Farben gibt es nur im Licht.«

Mit den Tatzen ergriff er ein Bündel leuchtender Sonnenstrahlen und schwang sie so, dass sie in Wellen verliefen. Zackarina sah nicht richtig, wie er das machte, aber sie sah die Farben. Sie sah Rot und Grün und Blau, und die Farben mischten sich und wurden zu allen möglichen Farben, die man sich nur denken konnte.

»Das Licht ist wie ein Meer«, sagte der Sandwolf. »Und die Farben sind Wellen in dem Meer des Lichts.«

Er ließ die sonnenstrahligen Lichtwellen los, die sich blitzschnell wieder hinaus in das Lichtmeer warfen. Sie bogen sich und trafen auf alles, was sich im Licht befand.

»Die Lichtwellen«, sagte der Sandwolf, »stoßen mit allem zusammen, was sich in ihrem Weg befindet.«

Zackarina sah auf ihre rot gestiefelten Füße hinunter.

»Meinst du gerade jetzt?«, fragte sie.

»Natürlich«, sagte der Sandwolf. »Gerade jetzt stoßen die Lichtwellen auf deine Stiefel und ein kleiner Teil der Wellen spritzt hinauf in deine Augen.«

Zackarina blinzelte.

»Und dann siehst du Rot«, sagte der Sandwolf. »Obwohl ein Eichhörnchen wohl sagen würde, dass deine Stiefel grau sind, und ein Schmetterling – tja, würde vielleicht sagen fliederlila.«

»Lila? Aber sie sind doch rot?«, sagte Zackarina. »Im Licht zumindest.«

Aber der Sandwolf sagte, dass Sachen eigentlich keine bestimmten Farben hätten. Farben seien etwas, das vor allem in den Augen und im Kopf

existiere. Die Farbe der Stiefel sei ganz einfach unterschiedlich in unterschiedlichen Augen.

»Und dann hängt es ja von der Farbe des Lichts ab«, sagte er. »Denn wenn die Sonne blau scheint, so würdest du meinen, dass deine Stiefel ... dass sie ...«

Er verstummte und spähte aufs Meer hinaus, trippelte mit den Tatzen und sprang.

»Warte, sag doch. Wenn die Sonne blau scheint, was ist dann? Welche Farbe haben dann meine Stiefel?«, fragte Zackarina.

Aber der Sandwolf war schon unterwegs. Mit riesigen Sprüngen schoss er über das Meer hinweg. Da im Osten hatte er nämlich ein kleines violettes Gewitter entdeckt, weich wie eine Sahnetorte und gespickt mit knappergelben Knallblitzen.

Als Zackarina nach Hause kam, war Papa draußen. Er hatte alle Bettdecken und Kissen zum Lüften herausgetragen – und auch alle Sofakissen und Decken und Laken.

»Gibt es Lampen, die blau leuchten?«, fragte Zackarina.

»Tja, die gibt es«, sagte Papa.

»Gut«, sagte Zackarina. »Denn dann will ich eine solche haben.«

»Eine blaue Lampe? Warum?«, fragte Papa.

»Für ein Experiment«, sagte Zackarina. »Das ich in der Kleiderkammer machen will.«

Und dann drückte sie ihre weiche Decke an sich –

so leuchtend rot – auf jeden Fall gerade jetzt und wie Zackarina sie sah.

»Rot ist gut«, sagte sie. »Das schmeckt wie Erdbeeren in meinen Augen.«

Richtig und gerecht

Zackarina und der Sandwolf spielten Fußball unten am Strand. Sie machten ein richtiges Spiel, und es war ganz klar, wer dabei war, es zu gewinnen.

»Jaaa! Toooor!«, heulte der Sandwolf. »In die Vollen! Boah!«

Er warf sich auf den Rücken und zappelte mit den Pfoten. Das war sein siebtes Tor, und er hatte jedesmal das Gleiche gemacht – sich auf den Rücken geworfen, mit den Pfoten gezappelt und vor Glück aufgeheult.

Aber Zackarina war überhaupt nicht glücklich. Sie hatte nur zwei Tore geschossen.

»Du hast gewonnen«, sagte sie.

»Wie? Habe ich gewonnen?«, fragte der Sandwolf froh.

Er stand auf und streckte sich stolz, und Zackarina dachte, dass es ungerecht sei mit vier Beinen beim Fußball.

Es war wohl keine Kunst, zu gewinnen, wenn man mit vier Füßen schießen konnte.

Sie warf den Ball mitten auf den Strand und schoss ihn davon und sie schoss hart. Der Ball sauste wie eine Kanonenkugel quer über den Strand und genau in die stacheligen Wacholdersträucher.

»Du holst ihn«, sagte Zackarina. »Denn ich schaffs nicht.«

»Aber hallo, du hast ihn doch dorthin befördert«, sagte der Sandwolf.

»Ja, aber du bist näher dran«, sagte Zackarina und ging schnell ein paar Schritte zurück.

Der Sandwolf, der dies sah, rümpfte die Nase. Zackarina streckte die Hand aus und strich ihm über den Rücken.

»Und dann bist du doch auch so nett«, sagte sie. »Oder? Du bist doch supernett.«

Die Miene des Sandwolfs hellte sich auf. Nett? Natürlich! Er war wohl der Netteste im ganzen Universum!

»Klar hole ich den Ball«, sagte er. »Das kann ich in drei Sekunden machen!«

Und so lief er den Strand hinauf, warf sich in die Sträucher und war verschwunden. Zackarina setzte sich hin und wartete. Ja, sie wartete viel länger als drei Sekunden, aber weder der Sandwolf noch der Fußball erschienen. Schließlich stand sie auf und ging ebenso wie der Sandwolf – in die Sträucher hinein.

Die Sonne brannte dort drinnen. Es war ruhig und still. Das Meer und die Wellen hörte man nur schwach, leise wie ein Flüstern. Der Boden unter Zackarina war trocken und warm. Sie arbeitete sich weiter durch die Sträucher, ein Schritt nach dem anderen. Vorsichtig bog sie einen buschigen Zweig zur Seite und da war er. Lag sandplatt auf dem Bauch, bereit zum Sprung, glitzernd goldscharf und mit spitzblauem Blick.

»Die sind ja ganz unglaublich«, murmelte er. »Ganz phantastisch ...«

Zackarina verstand sofort, was er meinte.

Walderdbeeren! Es wuchsen Walderdbeeren auf dem Boden zwischen den Sträuchern und das waren wirklich keine gewöhnlichen kleinen Walderdbeeren. Das waren die größten, die rotesten, die leckersten Walderdbeeren, die Zackarina jemals gesehen hatte. Sie sahen so saftig aus und glänzten, dass es um sie herum leuchtete. Und sie roch den Duft, konnte sie fast schmecken.

Oh, was für Walderdbeeren!

»Nur noch ein paar Minuten«, murmelte der Sandwolf. »Nur noch ein kleines, kleines bisschen mehr Sonne und sie sind perfekt ...«

Zackarina zählte die Walderdbeeren, leise und schnell und mit hungrigen Augen. Es waren nicht viele, nur zehn Stück. Sie zählte noch einmal, und jetzt mit den Fingern und sehr genau. Dann trat sie hervor und stellte sich vor den Sandwolf.

»Das sind für jeden fünf Stück«, sagte sie mit lauter Stimme. »Oder wie?«

Der Sandwolf schaute auf und blinzelte.

»Wie? Oder ... aha«, sagte er. »Ich meine ... ach ja ... hallo ... bist du hier?«

»Ja, denn man soll doch teilen, mit anderen teilen«, sagte Zackarina.

Der Sandwolf setzte sich auf und rieb sich an der Nase.

»Ach so, sollen wir teilen?«, sagte er. »Fünf für mich und fünf für dich?«

»Ja, dann ist es doch gerecht«, sagte Zackarina.

»Aber ich habe sie gefunden«, sagte der Sandwolf. »Da sind es wohl gerechterweise alle meine.«

»Aber ich habe den Ball geschossen«, sagte Zackarina. »Ohne mich wärst du nicht hierhergegangen und hättest sie nicht gefunden, deswegen sind es vor allem meine.«

»Aber ich bin der Süßeste«, sagte der Sandwolf.

Er spitzte das Maul und sah so goldig aus, wie er konnte, aber Zackarina lachte nur. Der Süßeste? Was hatte das mit der Sache zu tun? Warum sollte der Süßeste die meisten Walderdbeeren bekommen?

»Und der Netteste?«, fragte der Sandwolf. »Denn nett ist am besten, dann soll der Netteste am meisten haben – das klingt doch gerecht und gut?«

Nun wusste Zackarina nicht mehr, was sie sagen sollte, aber glücklicherweise brauchte sie nicht zu antworten. Denn genau da hüpfte ein kleiner, grauer Vogel von einem Strauch herunter, schnappte sich eine Walderdbeere und flog davon. Bald darauf waren viele hohe Vogelstimmen zu hören. Zackarina verstand, dass dort Vogeljunge in einem Nest piepten.

Sie seufzte.

Vielleicht sollten die Vögel die Walderdbeeren bekommen. Es war ja schließlich deren Essen. Sie konnte jederzeit nach Hause gehen und Butterbrote essen, wenn sie hungrig war.

»Wie kompliziert alles geworden ist«, sagte sie.

»Ja, das stimmt«, sagte der Sandwolf. »Als du gekommen bist und teilen wolltest.«

»Sonst hättest du alle allein aufgegessen«, sagte Zackarina.

»Nein, ich wollte alle zehn dir geben«, sagte der Sandwolf. »Als ersten Preis im Fußballmatch.«

»Aber du hast doch das Spiel gewonnen«, sagte Zackarina.

Der Sandwolf nickte.

»Ja, genau«, sagte er. »Dann bekommst du doch den ersten Preis, oder?«

»Wieso?«, fragte Zackarina.

»Als Verlierer natürlich«, sagte der Sandwolf.

Zackarina sah den Sandwolf an. Versuchte er mit ihr zu scherzen? Aber das schien nicht so. Er sah nur wie gewöhnlich froh aus und überhaupt nicht scherzhaft.

»Eigentlich ist es umgekehrt«, sagte sie. »Derjenige, der gewinnt, bekommt den Preis.«

Die Augen des Sandwolfs wurden vor Erstaunen ganz rund. Das war das Komischste, was er seit Tagen gehört hatte. Sollte derjenige, der gewinnt, den besten ersten Preis bekommen?

»Ist das nicht sehr ungerecht?«, sagte er.

»Warum?«, fragte Zackarina.

»Ich bin doch sowieso froh, denn ich habe gewonnen«, sagte der Sandwolf. »Ich brauche also keinen Preis.«

Und so kam es, dass Zackarina alle Walderdbeeren erhielt. Sie pflückte acht, die sie auf einen Grashalm auffädelte, und ließ eine für die Vögel übrig.

Dann gingen die beiden auf die glatte Klippe hinaus und feierten mit phantastischen Beeren und strahlender Sonne.

»Es war doch schön, Fußball zu spielen?«, sagte Zackarina.

Der Sandwolf stimmte ihr zu und trotzdem sah er ein bisschen betrübt aus. Er blickte über das Meer und dachte daran, dass es unglaublich schwer war, beim Fußball vier Beine in Schach zu halten. Man stolperte fast unentwegt.

Sicherlich war es viel einfacher mit nur zwei Beinen, dachte er.

Fast ungerecht viel einfacher.

Kleine, starke Quarks

Zackarina war stark. Sie konnte eine ganze Tüte voller Kartoffeln und Weißkohl und Käse tragen, vom Auto bis zur Küche, und sie konnte fast ihre Mama hochheben.

»Nein, nein, lass mich los!«, schrie Mama. »Ich falle hin!«

Zackarina setzte ihre kleine, leichte Mama ab und rang stattdessen ihren schweren Papa auf den Boden nieder. Das alles geschah in weniger als einer halben Minute.

»Nein, nicht kitzeln«, piepste er und verkroch sich unter dem Küchentisch.

Da ging Zackarina zum Strand hinunter und hob ein paar Steine an. Sie hob einen an und einen zweiten und unter dem dritten bekam sie eine schwarzblanke Nase zu sehen. Sie ergriff die Nase und zog und zäh wie ein Teig aus glänzendem Gold glitt der Sandwolf aus dem Sand hervor.

»Stark«, sagte Zackarina. »Heute bin ich stark.«

Der Sandwolf rappelte sich auf und putzte sich.

»Ja, aber nicht so stark wie die Quarks«, sagte er.

»Wie stark sind die denn?«, fragte Zackarina.

»Am stärksten auf der ganzen Welt«, sagte der Sandwolf. »Die Quarks sind proppenvoll mit Kraft.«

Zackarina runzelte die Stirn. Quarks? Hatte sie noch nie gehört, aber sicherlich waren sie sehr groß. Mindestens genauso groß wie ein Elefant.

»Ach, Elefanten sind doch nicht so groß«, sagte der Sandwolf. »Nicht, wenn man sie mit einem Berg vergleicht.«

»Nein, aber im Vergleich zu mir«, sagte Zackarina. »Und wenn man sie mit einem Sandkorn vergleicht, denn ein Sandkorn ist wirklich klein.«

»Oder wirklich groß«, sagte der Sandwolf.

»Wie groß?«, fragte Zackarina. »Ein Sandkorn?«

»Ja, wenn man daran denkt, was alles in ihm Platz hat«, sagte der Sandwolf.

Vorsichtig hob er ein Sandkorn hoch, nur ein einziges, und legte es auf einen Stein.

»Stell dir ein Haus vor«, sagte er. »Ein Haus ist aus Backsteinen gebaut.«

»Ja, oder aus Holz«, sagte Zackarina. »Und Nägeln.«

»Genau«, sagte der Sandwolf. »Und Sandkörner sind aus Molekülen gebaut und die Moleküle sind aus Atomen gebaut.«

Er zeigte mit der Nase auf das Sandkorn und sagte, dass sich darin viele Millionen Atome befänden. Zackarina beugte sich vor und guckte. Millionen? In diesem winzig kleinen Sandkorn? Es war doch so klein, dass sie es kaum sehen konnte!

»Diese Atome«, sagte sie, »die sind ziemlich klein, oder?«

»Ja, aber auch recht groß«, sagte der Sandwolf. »Verglichen mit dem kleinen Kern des Atoms, in dem sich die Quarks befinden.«

»Die, die so stark sind?«, fragte Zackarina.

Der Sandwolf nickte. Er sagte, dass die Kraft zwischen den Quarks so extrem stark sei, dass sie nichts auf der Welt trennen könne.

»Diese Stärke will ich sehen«, sagte Zackarina.

Der Sandwolf überlegte. Die Quarks ansehen?

»Tja, da muss man in das Sandkorn springen und das ist ein ziemlich kniffeliger Sprung«, sagte er. »Man muss sehr lang und sehr kurz springen, in einem und demselben Satz. Man muss ganz einfach einen winzig kleinen Riesensprung machen.«

»Wir können es doch versuchen«, sagte Zackarina.

»Wenn du es wagst«, sagte der Sandwolf.

Und Zackarina wagte es. Sie kletterte auf den Rücken des Sandwolfs und hielt sich an seinem dicken Fell gut fest. Der Sandwolf gab Gas, indem er mit den Krallen scharrte und dem Schwanz wedelte. Dann spitzte er die Nase und machte diesen winzig kleinen Riesensprung – direkt in das Sandkorn hinein.

Es sauste und dröhnte und sie flogen wie ein Pfeil mitten in die wolkigen Moleküle.

Zackarina fühlte, wie sie eingeklemmt wurde. Sie wurde schwer wie Blei und leicht wie eine Feder, wieder und wieder. Aber dann verringerte der Sandwolf endlich die Geschwindigkeit.

»So, da wären wir«, sagte er. »Das ging ja richtig gut.«

Zackarina öffnete die Augen und sah sich um. Sie waren tief in dem Sandkorn und mitten in einem Atom. Alles war riesengroß und es gab weder oben noch unten. Es sah leer aus und dennoch war die Leere wirbelnd voll mit knisternder Kraft. Und mitten in alledem sah man einen kleinen Punkt – wie einen zitternden Stern.

Der Sandwolf glitt näher heran.

»Das ist der Kern«, sagte er. »Der kleine Kern des Atoms.«

Zackarina streckte die Hand aus und berührte vorsichtig den Kern. Es kitzelte in der Hand, und jetzt – jetzt sah sie die winzigen Teilchen.

Sie sah die Quarks. Sie lebten nicht, aber sie waren die ganze Zeit in Bewegung. Zwei und zwei tummelten sie umher, in dem eigenen und ewigen Tanz der starken Quarks.

»Sieh nur, sie umarmen sich!«, sagte Zackarina.

»Ja, sie halten fest zusammen«, sagte der Sandwolf. »Sie halten immer fest zusammen.«

Er sagte, die Quarks seien vielleicht das Allerkleinste auf der ganzen Erde und im ganzen Universum.

Trotzdem meinte Zackarina, noch etwas anderes

zu sehen, etwas, das noch kleiner war. Etwas, das kaum zu erkennen war und wie verschlungene Schnürsenkel aussah, und vielleicht hörte sie Musik.

Der Sandwolf zeigte in die andere Richtung. Weit weg, an der Außenkante des Atoms, schimmerte ein knisternder Nebel. Er sagte, das seien die Elektronen, die dort herumsausten. Die ganze Zeit rundherum und in einer wahnsinnigen Geschwindigkeit.

»Sie sind unglaublich schnell«, sagte er. »Fast so schnell wie ich.«

Und dann gab er Gas und Zackarina hielt sich fest und schloss die Augen – den ganzen Weg aus dem Sandkorn heraus, bis sie wieder auf den Strand plumpsten. Zackarina fand es schön, wieder in der gewohnten Umgebung zu sein, wo die Sonne schien und das Meer brauste.

»Ist alles aus Atomen gebaut?«, fragte sie.

»Aber ja«, sagte der Sandwolf. »Wirklich alles, was es gibt.«

»Sogar ich?«, fragte Zackarina.

»Sogar du«, sagte der Sandwolf.

Als Zackarina nach Hause kam, saßen Mama

und Papa draußen auf dem Gras und tranken Kaffee.

Zackarina kroch auf Mamas Schoß und umarmte sie, so fest sie konnte, und Mama umarmte sie auch.

»Versuch mich jetzt wegzuziehen«, sagte sie zu Papa.

Und Papa versuchte es, aber es ging überhaupt nicht. Denn je kräftiger er zog, umso fester umarmten sie sich und ließen nicht los. Dann sagte Zackarina, dass die beiden nun dran seien – dass nun Mama auf Papas Schoß sitzen solle.

»Was ist das für ein Spiel?«, fragte Mama.

»Es heißt ›Starke Quarks‹«, sagte Zackarina. »Haltet euch jetzt fest und macht auch die Augen zu.«

Mama und Papa waren nett und machten, was sie sagte. Sie umarmten sich und schlossen die Augen. Zackarina sah sie eine Weile lang an. Dann drehte sie ihnen den Rücken zu, gab Gas und lief los. Sie lief um die beiden herum, wieder und wieder, in einer wahnsinnigen Geschwindigkeit.

Es war wunderbar, starke Quarks zu sein, die nie einsam waren. Aber mindestens genauso wunderbar war es, ein einzelnes und blitzschnelles Elektron zu sein.

Zackarina übernachtet woanders

Auf einem strandigen Stein im Schein der Sonne stand der Sandwolf und wollte etwas Schönes sagen. Er und Zackarina hatten den ganzen Tag lang in den auslaufenden Wellen Seesterne gesucht, und er fand, dass es jetzt unbedingt Zeit für ein kleines Gedicht sei.

»Hör nun genau zu«, sagte der Sandwolf. »Denn morgen habe ich es vielleicht schon wieder vergessen.«

Zackarina versprach, genau zuzuhören, und der Sandwolf raschelte stolz sein Gedicht:

Manche Sterne sind für das Wasser gedacht.
Andere strahlen am Himmel der Nacht.

Zackarina applaudierte. Sie mochte das Gedicht,

vor allem fand sie, dass die Anzahl der Wörter stimmte.

»Ja, dreizehn Stück«, sagte der Sandwolf. »Und zwei, die sich reimen.«

»Apropos Nacht«, sagte Zackarina. »Wo schläfst du eigentlich in der Nacht?«

Der Sandwolf sagte, dass er gewöhnlicherweise dort schlief, wo er müde wurde, denn das war am einfachsten. Aber am liebsten wurde er in der Grotte müde, denn dort konnte man so gut schlafen. Natürlich konnte er auch im Wacholderstrauch schlafen, aber da war es ziemlich stachelig.

»Aber heute Nacht schlafe ich beim Kapitän.«

»Welcher Kapitän, wer ist das?«, fragte Zackarina.

»Och, das ist jemand, den ich halt kenne«, sagte der Sandwolf.

Und obwohl Zackarina sieben Seesterne gefunden hatte, war sie nicht richtig zufrieden, als sie nach Hause ging. Übernachten? Sie hatte noch nie in ihrem Leben bei jemand anderem übernachtet. Doch, bei Oma natürlich und bei ihren Kusinen. Aber das zählte nicht wirklich, denn da waren Mama und Papa dabei gewesen.

Ich will woanders übernachten, dachte sie. Und das werde ich auch.

Am Abend, als Mama und Papa sie zugedeckt und gute Nacht gesagt hatten, tat sie also nur so, als ob sie schliefe. In Wirklichkeit war sie hellwach und stand auf und zog sich wieder an. Sie nahm ihren allerkleinsten weichen Teddy mit, schlich aus dem Haus hinaus und lief den Pfad zum Strand hinunter.

Die Sonne war gerade untergegangen und der Himmel war rot. Der Sandwolf wollte eben losgehen, als Zackarina angerannt kam.

»Warte!«, rief sie. »Warte auf mich – ich will mitkommen!«

Der Sandwolf lächelte sein tausendweißes Lächeln.

»Dachte ich mir doch«, sagte er.

Zackarina kletterte auf seinen Rücken. Sie stopfte den kleinen Teddy unter den Pullover und schlang die Arme um den Hals des Sandwolfs. Dann ging es los, über das Meer hinweg in einem fliegenden Sprung.

Der Wind wehte stark, und sie musste den ganzen Weg lang die Augen schließen, bis der

Sandwolf die Geschwindigkeit senkte und landete. Bums! Zackarina öffnete die Augen.

»Ein Boot?«, fragte sie. »Ein Segelboot! Übernachten wir auf einem Boot?«

»Ja, auf einem Schiff«, sagte der Sandwolf. »Auf dem segelnden Schiff ›Stille Nacht‹.«

Es war dunkel geworden, aber auf dem Schiff leuchteten Laternen. Es schaukelte und knarrte und der Wind blies in die Segel. Am Ruder stand der Kapitän, schwarzbärtig und gut gelaunt.

»Guten Abend, Kapitän«, sagte der Sandwolf.

Der Kapitän nahm sie freundlich auf und hieß sie an Bord willkommen.

»Ich kann mir vorstellen, dass ihr müde seid«, sagte er. »Und das kleine Mädchen ist sicherlich auch hungrig.«

Zackarina nickte und wurde zu Zitronentee und Zwieback eingeladen. Eigentlich mochte sie keinen Zitronentee. Auf jeden Fall nicht, wenn sie zu Hause war. Aber hier auf der Stillen Nacht schmeckte der Zitronentee ganz anders und sogar gut.

Der Sandwolf und der Kapitän unterhielten sich über unterschiedliche Witterungen und Meere mit seltsamen Namen.

Zackarina schlürfte ihren Tee und fragte sich, wo die Betten waren.

Sie tippte den Sandwolf an.

»Wo sollen wir schlafen?«, flüsterte sie.

Der Kapitän hörte wohl ihr Geflüster, denn er stand auf und holte Seil und Tuch. Er wickelte und knotete und knotete, und bald hingen zwei Hängematten zwischen den Masten des Schiffes.

Zackarina und der Sandwolf kletterten hinauf und legten sich jeder in eine Hängematte. Zackarina bekam auch eine Decke und ein Kissen.

Sie zog die Decke bis zum Kinn hoch und dachte an ihren Papa und an ihre Mama.

»Dieses Meer, auf dem wir segeln«, fragte sie, »ist es das gleiche Meer wie bei mir zu Hause?«

»Alle Meere gehören zusammen«, sagte der Sandwolf. »Denn alle Meere haben dasselbe Wasser. Aber gerade hier heißt das Wasser Sternenmeer.«

Dann sprachen sie nicht mehr viel. An Bord der Stillen Nacht musste man nicht so viel reden. Das Schiff roch gut nach Holz und Teer. Die Hängematten schaukelten weich und schläfrig.

Der Sandwolf atmete ruhig und war eingeschlafen, aber Zackarina war immer noch wach.

Alles war wunderbar und gut, aber alles war auch sehr ungewohnt.

Ein bisschen zu ungewöhnlich, fand Zackarina. Sie fühlte sich auf einmal so einsam und unangenehm wach. Aber dann fühlte sie auch noch etwas anderes. Etwas Kleines und Klumpiges, das sie fast vergessen hatte, vergessen unter dem Pullover – den kleinen Teddy!

Zackarina zog den kleinen Teddy hervor und legte ihn an ihre Wange. Er war weich wie gewöhnlich und roch wie gewöhnlich. Und ohne dass sie es merkte, schlief Zackarina ein. Aber der Kapitän stand wach am Ruder und steuerte sein Schiff ruhig über das Sternenmeer.

Als der Sandwolf Zackarina weckte, war es fast Morgen und das Schiff lag genau vor dem Strand zu Hause. Der Sandwolf sagte, dass er ein Gedicht geträumt habe, es aber leider im Schlaf vergessen habe.

»Es reimte sich auf Wasser«, sagte er. »Und es fing an mit ›Manche Schiffe‹.«

Zackarina kletterte auf seinen Rücken. Sie bedankten sich beim Kapitän und verabschiedeten sich, und mit einem einzigen Sprung waren sie an Land. Zackarina lief schnell nach Hause und weckte ihre Mama und ihren Papa.

»Ratet, was ich heute Nacht gemacht habe?«, sagte sie. »Ich habe woanders übernachtet.«

Mama streckte sich und rieb sich die Augen und Papa gähnte.

»Woanders übernachtet?«, fragte er.

»Ja, in einer Hängematte«, sagte Zackarina. »Auf dem Schiff ›Stille Nacht‹ und wir sind auf dem Sternenmeer gesegelt.«

Papa lächelte und strich ihr über die Haare.

»Kleine Zackarina«, sagte er. »Das musst du geträumt haben.«

Zackarina schaute aus dem Fenster. Dort sah sie das Meer, und auf dem Meer ein Schiff mit weißen Segeln, das in der Ferne verschwand. Sie sagte nichts, dachte aber, dass wenn dies ein Traum gewesen war, sie ihn gerne wieder träumen wollte.

»Übrigens«, sagte sie, »haben wir Zitronentee zu Hause?«

B wie bereuen

Zackarina und ihre Mama standen an der Landstraße. Sie warteten auf den Bus, denn sie wollten in die Stadt fahren und einkaufen.

Aber gerade als der Bus in der Kurve auftauchte, drehte sich Zackarina um und sah zum Meer hinunter.

Die Lachmöwen lachten, die Sonne schien, das Wasser glitzerte. Sicher war der Sandwolf schon in vollem Gange dort unten am Strand. Sie erinnerte sich plötzlich, wie es das letzte Mal in der Stadt gewesen war. Überall war es proppenvoll gewesen und die Menschen waren ganz verschwitzt. Fast so, dass einem übel wurde.

Der Bus bremste.

»Übrigens, ich glaube, ich will nicht mit«, sagte Zackarina.

»Das musst du auch nicht«, sagte Mama. »Du kannst machen, was du willst.«

»Gut«, sagte Zackarina, »denn ich will doch lieber zu Hause bleiben.«

Und Mama sagte tschüs und gab ihr einen Kuss und stieg in den Bus ein. Die Tür schloss sich.

Zackarina schnüffelte in der Luft. Der Mamakuss hatte nach Parfüm gerochen. Hatte gut gerochen wie in einem feinen Kaufhaus, gut, wie wenn man in ein Café geht und Kuchen isst.

»Nein, warte! Ich will mit!«, rief sie.

Aber es war zu spät. Der Bus war schon angefahren und verschwand in einer Staubwolke.

Papa lag in der Hängematte und schlief, also ging sie zum Strand hinunter. Den ganzen Weg lang sehnte sie sich nach ihrer Mama. Es tat ihr fast weh im Herzen.

Sie dachte daran, wie wunderbar es gewesen wäre, im Bus zu sitzen. Gerade jetzt hätten sie sicherlich davon geredet, was sie alles Schönes in der Stadt machen wollten.

Stattdessen stand sie nun am Strand, und alles war genau so, wie sie es sich gedacht hatte. Der Sandwolf war in vollem Gange. Er sauste umher, schnell wie ein Zug, und sein Schwanz sah ungewöhnlich lang aus.

»Ich renne!«, hechelte er. »Ich versuche, meinem Schatten davonzulaufen!«

»Das geht wohl nicht«, sagte Zackarina.

Aber der Sandwolf, der die Geschwindigkeit nun etwas drosselte, sagte, dass es vielleicht gehe. Aber da müsse man natürlich sehr schnell rennen. Schnell wie ein Sonnenstrahl und noch ein bisschen schneller – eben schneller als das Licht. Dann hielt er an und schnupperte an Zackarina.

»Du riechst nach schlechter Laune«, sagte er.

»Mama ist in die Stadt gefahren«, sagte Zackarina. »Und das will ich auch.«

»Durftest du nicht mit?«, fragte der Sandwolf.

»Doch, ich durfte«, sagte Zackarina. »Und zuerst wollte ich auch, und dann habe ich meine Meinung geändert, und jetzt bereue ich, dass

ich meine Meinung geändert habe. Verstehst du?«

»Natürlich«, sagte der Sandwolf. »Es ist wirklich nicht leicht, sich richtig zu entscheiden.«

»Und wenn man sich falsch entschieden hat, will man es ändern.«

»Ausradieren«, sagte der Sandwolf.

»Ja, oder rückgangig machen«, sagte Zackarina. »Alles rückgängig machen, zurückspulen, zu der Stelle, wo man den Fehler gemacht hat, und es noch einmal und besser machen.«

»Das geht nicht«, sagte der Sandwolf. »Die Zeit kann man nicht zurückfahren. Das, was einmal getan wurde, ist für immer getan.«

»Denn die Zeit ist kein Auto«, sagte Zackarina.

Der Sandwolf stimmte ihr zu, aber dann wurde er doch ein bisschen nachdenklich. Er sah auf seinen Schatten und murmelte etwas von der Sonne und der Zeit. Er bat Zackarina, sich auf seinen Rücken zu setzen, und sagte, dass man es doch versuchen müsse.

»Halte dich fest. Denn jetzt gehts in die Vergangenheit.«

Und dann fing er an zu laufen, im Kreis herum und mit jeder Runde schneller. Er benutzte all seine Kraft und wurde leicht wie ein Lachen. Und mitten im Lauf geschah das Unglaubliche. Der Schatten blieb zurück und er lief weiter – lachte sich seinem eigenen Schatten davon!

Und Zackarina stieg in den Bus ein, Hand in Hand mit ihrer Mama.

»Du, Mama«, sagte sie. »Fahren wir heute zum ersten Mal Bus?«

Mama verstand die Frage nicht richtig.

»Zum ersten Mal?«, fragte sie. »Wie meinst du das?«

Es waren viele Menschen im Bus, aber sie fanden zwei freie Plätze und setzten sich. Zackarina musste so sehr kichern, dass sie kaum still sitzen konnte. Die Zeitzauberei hatte funktioniert! Nun war es so, wie sie es wollte – sie und ihre Mama waren auf dem Weg in die Stadt. Sie dachte an Eis im Café und an die feinen Kaufhäuser, wo die Kleider nach Parfüm rochen.

Aber nach einer Weile fuhr der Bus sehr langsam. Sie steckten in einem Stau. Die Sonne brannte herunter, und der Bus kam nur kriechend voran, wie eine Schnecke. Alle waren verschwitzt und warm, und fast alle sahen sauer und ärgerlich aus. Besonders die Tante auf dem Platz gegenüber.

»Oje, das wird Ewigkeiten dauern, bis wir ankommen«, sagte Mama.

»Nein, keine Ewigkeiten«, sagte Zackarina.

»Ich meine lange Zeit«, sagte Mama. »Ach, wie dumm! Wären wir doch zu Hause geblieben!

Aber Zackarina konnte nichts mehr bereuen, auf jeden Fall nicht an diesem Tag. Was sie auch tat und entschied, es wurde falsch.

»Können wir nicht etwas Lustiges machen?«, fragte Zackarina.

»Ich habe keine Kraft«, sagte Mama.

»Aber wir könnten doch wenigstens singen«, sagte Zackarina.

Mama schnaubte und sah fast so sauer aus wie die Tante gegenüber.

»Das hilft nichts«, sagte sie. »Der Bus fährt auch nicht schneller, wenn wir singen.«

»Nein, aber vielleicht wird es ein bisschen lustiger«, sagte Zackarina.

Da lachte Mama und fragte, mit welchem Lied sie anfangen sollten.

»Das mit halli und hallo«, sagte Zackarina.

Mama wusste genau, welches sie meinte, und sie fingen an zu singen. Zuerst leise und dann ein wenig lauter. Und das Lied steckte an. Die Menschen hörten zu und ein paar fingen an mitzusingen. Erst ein bisschen vorsichtig, aber dann lauter und lauter. Zum Schluss sangen fast alle mit.

Die saure Tante bot allen klebrige Zitronenbonbons an, und niemand bereute, in den langsamen Bus eingestiegen zu sein.

Und auf dem Busdach, dort lag der Sandwolf und klopfte mit den Pfoten den Takt. Er lag dort und lächelte und er dachte im Takt. Er dachte an

Wollen und Wählen und Wissen und Machen und Hoffen und Glauben.

Man kann nie sicher wissen, was dann das Beste wird, dachte er. Aber vielleicht kann man das Beste aus dem machen, was ist.

Einen Apfel pflücken

Zackarina wusste sofort, welcher Tag heute war. Sie spürte es im ganzen Körper und sobald sie aufwachte.

Nicht Geburtstag, nicht Weihnachten, aber trotzdem ein Tag, der von morgens bis abends wunderbar war.

Es war der große Apfelpflücktag.

Er fing wie immer mit einem gemütlichen Frühstück an und mit ausgiebigen Apfelgesprächen.

»Erinnerst du dich an letztes Jahr?«, sagte Papa zu Mama. »Als so viele Würmer in den Äpfeln waren?«

»War das letztes Jahr?«, fragte Mama. »War das nicht vor zwei Jahren? Im gleichen Jahr, als du von der Leiter gefallen bist?«

»Nein, das ist doch schon drei Jahre her«, sagte

Papa. »Das Jahr, in dem wir so wenig geerntet haben.«

»Aber dieses Jahr sind viele Äpfel am Baum«, sagte Mama. »Und sie sind schön.«

Papa stimmte ihr zu: »Dieses Jahr wird ein richtiges Rekordjahr.«

Während Mama den Apfelkorb aus dem Keller holte, verdrückte Zackarina das letzte Stück ihres Butterbrotes. Sie zogen die Gummistiefel an und gingen hinaus.

Zackarina war so glücklich. Genau so sollte es sein, wenn man Äpfel pflückte. Sie und Mama und Papa. Schönes Wetter und ein bisschen Herbstgeruch in der Luft. Der schöne Apfelkorb. Weißes, dünnes Papier, in das man die Äpfel einwickelte, bevor man sie im Keller ins Regal legte.

Dort sollten sie im Dunkeln bis Weihnachten lagern. Denn solche Äpfel hatten sie am Baum – Äpfel, die man aufhob, bis es Winter war.

Papa kletterte auf die Leiter. Es war immer er, der die Äpfel ganz hoch oben pflückte, denn er konnte am besten klettern. Mama stand auf der Wiese und streckte sich und pflückte von den unteren Ästen. Zackarinas Aufgabe war es, die

Äpfel entgegenzunehmen und sie vorsichtig in den Korb zu legen. Man durfte sie nicht fallen lassen, denn Papa sagte, Äpfel seien genauso empfindlich wie Eier.

»Es ist ein bisschen kalt heute«, sagte Mama. »Ich gehe rein und hole einen Pullover.«

»Bring mir auch einen Pulli mit«, sagte Zackarina. »Den blauen.«

Aber als Mama herauskam, hatte sie die rote Jacke im Arm – die warme Jacke. Die hatte den ganzen Sommer über ganz hinten in der Kleiderkammer gehangen und Zackarina hatte sie ein paar Monate lang nicht gesehen.

»Oh, jaaa! Die ist so weich!«, sagte sie. »Oh, meine Lieblingsjacke! Danke!«

Und so zog sie die Jacke an.

Aber – was war denn das? Wie komisch es sich anfühlte. Die Jacke war überhaupt nicht so kuschelig wie sonst. Irgendetwas stimmt nicht mit ihr, dachte Zackarina. Sie muss kaputtgegangen sein.

Mama schaute Zackarina an und sah ganz erstaunt aus. Auch Papa blickte auf sie herunter, von der Leiter aus, und fing an zu lachen.

»Uuui, Zackarina«, sagte er. »Wie du über den Sommer gewachsen bist! Die Jacke ist ja viel zu klein!«

Zackarina sah auf ihre Hände und Arme. Die Ärmel der Jacke waren viel zu kurz, und Zackarina fand, dass es sehr seltsam aussah. Fast abscheulich.

Sie riss sich die Jacke herunter und warf sie auf den Boden. Sie wollte nicht, dass Papa auf der Leiter stand und lachte. Sie wollte nicht, dass Mama sie überrascht ansah. Sie wollte nur, dass alles wie immer war. Wie gewöhnlich und gut. Besonders heute, am großen Apfelpflücktag.

Aber Papa lachte. Mama lächelte und Zackarina lief – vom Haus und Apfelbaum weg und hinunter zum Meer.

Als sie am Strand ankam, war alles ruhig und still. Das Meer lag glatt und grau vor ihr. Aber von der Grotte des Sandwolfs her sah man einen Schimmer und einen Glitzer von Gold. Man hörte jemanden ein kratziges Lied in Samtblau summen und da waren auch noch andere angenehme Laute: Schnecken, die aneinanderschlugen, Klimpern von einer Porzellantasse, dünn wie ein Spinnennetz.

Zackarina ging zur Grotte und machte es genauso wie immer. Sie kniete sich hin und wollte hineinkriechen. Aber es ging nicht. Sie kam nicht rein. Die Öffnung der Grotte war zu eng. Da fing sie richtig zu frieren an. Nicht nur äußerlich, sondern auch von innen.

Eiskalt im Bauch. Eiskalt im Herzen.

Sie setzte sich in den Sand und weinte.

Aber der Sandwolf, der immer hörte, wenn jemand weinte, schaute aus der Grotte heraus.

»Armzackarina?«, sagte er. »Sitzt hier draußen? Und Tränen?«

Zackarina verbarg ihr Gesicht in den Händen.

»Zu groß«, schluchzte sie. »Ich bin zu groß geworden!«

Der Sandwolf glitt aus der Grotte. Er setzte sich dicht neben Zackarina und machte sein Fell ganz warm und weich. Er atmete leise und ließ sie eine Weile in Ruhe weinen.

Dann sagte er ganz sanft: »Ich habe heute Nacht eine neue Grotte gefunden.«

Zackarina nahm die Hände vom Gesicht. Ihre Augen waren vom Weinen ganz rot.

»Hast du?«, fragte sie. »Ist sie schön?«

»Wunderbar«, sagte der Sandwolf. »Hohe Decke und klippige Wände. Ein spannender Ort.«

Und Zackarina verstand. Sie verstand genau, was der Sandwolf vorhatte.

»Du willst umziehen, oder?«, sagte sie.

»Ja, heute«, sagte der Sandwolf.

Lange saß Zackarina still da. Sah auf den Strand. Das war ihr Strand und sie wusste alles über ihn. Sie wusste genau, wie sich der Sand in der Hand anfühlte, wie das Schilf raschelte und wie hoch die Wellen schlugen, wenn Sturm war.

»Ist es weit bis dort?«, fragte sie. »Bis zu der neuen Stelle?«

»Tja ... das kommt drauf an«, sagte der Sandwolf. »Man muss ein Stück gehen, ein ziemlich langes Stück. Vielleicht muss man suchen. Vielleicht findet man die Stelle nicht so leicht.
Vielleicht ist es sogar sehr schwierig.«

Zackarina hörte zu und nickte.

»Dann muss man wahrscheinlich Proviant mitnehmen«, sagte sie. »Und einen Schlafsack und eine Taschenlampe.«

»Strahlende Idee«, sagte der Sandwolf. »Eine Taschenlampe, unbedingt.«

Zackarina stand auf und umarmte den Sandwolf lange. Sein sandiges, goldglitzerndes, wüstengelbes Fell kitzelte an ihrer Wange.

Und der Sandwolf umarmte Zackarina.

»Wir sehen uns«, sagte sie.

»Immer, wenn du willst«, sagte der Sandwolf.

Zackarina ging nach Hause und der Weg vom Meer zum Haus war sehr kurz.

Papa stand auf der Leiter am Apfelbaum und Mama stand unten. Beide blickten auf einen Apfel, der weit draußen an einem Ast hing. Es war ein unglaublich schöner Apfel.

»Der größte am ganzen Baum«, sagte Papa.

»Ja, und der röteste auch«, sagte Mama.

Zackarina ging zum Baum. Sie stellte sich direkt unter den Ast und streckte sich nach dem Apfel.

»Warte, ich kann dich hochheben«, sagte Mama. »Warte ein bisschen!«

»Oder warte«, sagte Papa. »Ich hole einen Schemel aus der Küche!«

Aber Zackarina wartete nicht. Sie stellte sich auf die Zehenspitzen und streckte sich, so weit sie nur konnte, nach oben.

Ich werde, dachte sie. Ich kann!

Und dann fühlte sie den Apfel, nahm ihn in die Hand. Ein kleiner Ruck und der Ast wippte.

Zackarina stand fest auf dem Boden mit dem Apfel in der Hand.

Und nächstes Jahr, das wussten alle drei – nächstes Jahr würden sie sagen: »Weißt du noch? Der Apfel, den Zackarina gepflückt hat? Der große rote?«

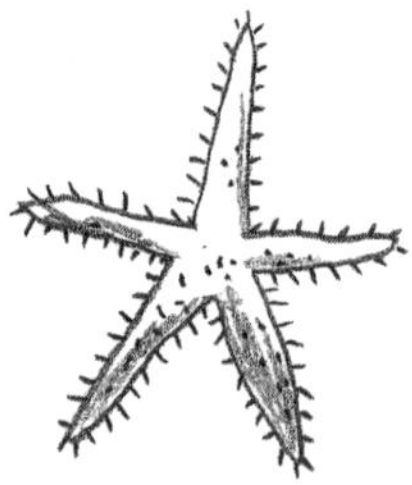

Auch als Beltz & Gelberg Hörbuch

Åsa Lind, Zackarina und der Sandwolf
Aus dem Schwedischen von Jutta Leukel
Vorgelesen von Barbara Zechel
1 CD, 82 Min., autorisierte Hörfassung, ab 6
Unverbindl. Preisempf. € 12,90/sFr 23,70
ISBN 3-407-80950-6

»Ein wunderschönes Buch, das seine kleinen Leser leicht in die größten Nachdenklichkeiten verwickelt.«
Iris Radisch, DIE ZEIT

Beltz & Gelberg
Postfach 10 01 54, 69441 Weinheim, www.beltz.de

Auch als Beltz & Gelberg Hörbuch

Åsa Lind, Mehr von Zackarina und dem Sandwolf
Aus dem Schwedischen von Jutta Leukel
Vorgelesen von Barbara Zechel
1 CD, 84 Min., autorisierte Hörfassung, ab 6
Unverbindl. Preisempf. € 12,90/sFr 23,70
ISBN 3-407-80966-7

Die Presse über *Zackarina und der Sandwolf:*

»Die Geschichten sind so schön, dass man sich wünscht, sie würden immer weitergehen.«
Berliner Zeitung

»Die Geschichten sind kleine erzählerische Perlen.«
Saarbrücker Zeitung

Beltz & Gelberg
Postfach 10 01 54, 69441 Weinheim, www.beltz.de